LETTRES

DE

MADEMOISELLE AÏSSÉ

IMPRIMERIE DE GERDÈS

10, RUE SAINT-GERMAIN-DES-PRÉS

LETTRES

DE

MADEMOISELLE AÏSSÉ

A MADAME CALANDRINI

CINQUIÈME ÉDITION, REVUE ET ANNOTÉE

PAR M. J. RAVENEL

Conservateur-adjoint à la Bibliothèque du Roi

AVEC UNE NOTICE PAR M. SAINTE-BEUVE

De l'Académie française

PARIS

GERDÈS, ÉDITEUR	LECOU, LIBRAIRE-ÉDITEUR
10, RUE SAINT-GERMAIN-DES-PRÉS	125, RUE MONTMARTRE

1846

AVERTISSEMENT DE L'ÉDITEUR.

Cette édition, dès long-temps annoncée, des *Lettres de Mademoiselle Aïssé* paraît aujourd'hui, accompagnée de tout ce qui peut la rendre plus complète et plus digne du public choisi à qui nous l'adressons.

Nous avons pensé qu'un portrait de Mlle Aïssé était presque indispensable en tête du volume qui donne une si favorable idée de son charme et de sa grace. Nous nous sommes adressé, afin d'obtenir un modèle authentique, à M. J.-L. Rieu, ancien Syndic de la République de Genève, possesseur du portrait original donné par Mlle Aïssé elle-même à Mme Calandrini, et transmis par elle à Mme Rieu, sa fille. M. Rieu s'est prêté avec empressement le plus aimable à ce qu'on en prît un dessin, entrant ainsi pour sa part dans cet hommage rendu à une mémoire charmante à laquelle le nom de sa famille est attaché.

M. Rodolphe Töpffer, à qui nous avions songé d'abord, comme résidant à Genève, pour lui demander le concours de son crayon spirituel et si goûté du public, retenu par une maladie cruelle et déjà mortelle, a du moins voulu faire choix de l'artiste distingué qui répondit à notre désir, et il a surveillé de dessus son lit de douleur l'accomplissement de notre vœu avec une sollicitude dont nous avions à le remercier; ce témoignage de sincère gratitude que nous lui devions, nous ne pouvons le déposer aujourd'hui que sur sa tombe.

M. Sainte-Beuve a pu joindre ici la Notice qu'il avait déjà publiée sur Mlle Aïssé, en la rectifiant sur plusieurs points importans, et en l'augmentant de pièces inédites dont la plupart sont dues à la communication gracieuse de l'illustre famille de Bonneval. La Correspondance, devenue par là plus complète, du chevalier d'Aydie avec Mme du Deffand, et quelques lettres de la marquise de Créquy qui se rapportent à notre sujet, ont été réunies à la fin du volume.

M. Ravenel n'a cessé de porter sur tous les points son esprit de critique exacte et son scrupule d'investigation ; et nous pouvons assurer que, grace à ses soins, il manque bien peu de chose désormais à la parfaite correction du texte et aux éclaircissemens historiques et biographiques qu'on peut désirer.

Nous osons espérer que les gens de goût accueilleront avec faveur ce concours d'efforts désintéressés, qui se sont unis pour une œuvre délicate.

MADEMOISELLE AÏSSÉ.[1]

L'imagination humaine a sa part de romanesque; elle a besoin dans le passé de se prendre au souvenir de quelque passion célèbre; de tout temps, elle s'est complu à l'histoire, cent fois redite, d'un couple chéri, et aux destinées attendrissantes des amans. Quelques noms semés çà et là, donnés d'ordinaire par la tradition, et touchés par la poésie, suffisent. Les choses politiques ont leurs révolu-

---

(1) Cette Notice a paru dans la *Revue des Deux Mondes* du 15 janvier 1846; nous la reproduisons ici, non sans beaucoup d'additions et de corrections qui nous sont venues de bien des côtés : pour ne pas faire une trop grande surcharge de notes, nous avons rejeté après la Notice celles qui sont plus étendues et qui contiennent des pièces à l'appui, en nous servant pour cet ordre d'indications des lettres (A), (B), (C), etc.

tions et leur cours; les guerres se succèdent, les règnes glorieux font place aux désastres; mais, de temps à autre, là où l'on s'y attend le moins, il arrive que sur ce fond orageux, du sein du tourbillon, une blanche figure se détache et plane : c'est Françoise de Rimini qui console de l'enfer. La Renommée, ce monstre infatigable, du même vol dont elle a touché les ruines des empires, s'arrête à cette chose aimable, s'y pose un moment; elle en revient, comme la colombe, avec le rameau.

Dans les temps modernes, si la poésie proprement dite a fait défaut à ce genre de tradition, le roman n'a pas cessé; sous une forme ou sous une autre, certaines douces figures ont gardé le privilége de servir d'entretien aux générations et aux jeunesses successives. Que dire d'Héloïse? qu'ajouter à ce que réveille le nom de La Vallière? Vers 1663, il entra dans la politique de Louis XIV de secourir le Portugal contre l'Espagne, mais de le secourir indirectement: on fournit sous main des subsides, on favorisa des levées, une foule de volontaires y coururent. Entre cette petite armée, commandée par Schomberg, et la pauvre armée espagnole qui lui disputait le terrain, il y eut là, chaque été, bien des marches et des contre-marches de peu de résultat, bien des escarmouches et de petits combats, parmi lesquels, je crois, une victoire. Qui donc s'en soucie aujourd'hui? Mais le lecteur curieux qui ne veut que son charme ne peut s'empêcher de dire que tout cela a été bon, puisque les *Lettres de la Religieuse portugaise* en devaient naître.

La tendre anecdote que nous avons à rappeler n'a pas eu la même célébrité ni le même éclat; elle conserve pourtant sa gracieuse lueur, et ses pages touchantes ont mérité de survivre. A l'époque la moins poétique et la moins idéale du monde, sous la Régence et dans les années qui ont suivi, Mlle Aïssé offre l'image inattendue d'un sentiment fidèle, délicat, naïf et discret, d'un repentir sincère et d'une innocence en quelque sorte retrouvée. Entre ces deux romans si dissemblables, si comparables en plus d'un trait, qui marquent les deux extrémités du siècle, *Manon Lescaut, Paul et Virginie*, Mlle Aïssé et son passionné chevalier tiennent leur place, et par le vrai, par le naturel attachant de leur affection et de leur langage, ils se peuvent lire dans l'intervalle. Il est intéressant de voir, dans une histoire toute réelle et où la fiction n'a point de part, comment une personne qui semblait destinée par le sort à n'être qu'une adorable Manon Lescaut redevient une Virginie; il fallait que cette Circassienne, sortie des bazars d'Asie, fût amenée dans ce monde de France pour y relever comme la statue de l'Amour fidèle et de la Pudeur repentante.

Les Lettres de M{}^{lle} Aïssé, imprimées pour la première fois en 1787 (à la veille même de *Paul et Virginie*), ont eu depuis plusieurs éditions; elles étaient accompagnées dès l'abord de quelques courtes notes dues à la plume de Voltaire, qui les avait parcourues en manuscrit. On les réimprimait dès 1788. En 1805, elles reparurent avec une Notice bien touchée de M. de Barante, qui avait recueilli quelques détails nouveaux (dont un pourtant très hasardé, on le verra) dans la société de M. Suard. C'est ainsi encore qu'elles ont été reproduites en 1823. Le style avait subi de petites épurations dans ces éditions successives; il y avait pourtant dans le texte bien d'autres points plus essentiels, ce me semble, à éclaircir, à corriger : on ne saurait imaginer la négligence avec laquelle presque tous les noms propres, cités chemin faisant dans ces Lettres, ont été défigurés; quelques-uns étaient devenus méconnaissables. De plus, un grand nombre des dates d'envoi sont fautives et incompatibles avec les événemens dont il est question; il y a eu des transpositions en certains passages, et tel paragraphe d'une lettre est allé se joindre à une autre dont il ne faisait point d'abord partie. Enfin il est arrivé que des notes plus ou moins exactes, écrites en marge du manuscrit, sont entrées mal à propos dans le texte imprimé. A une première et rapide lecture, ces inconvéniens arrêtent peu; on ne suit que le cours des sentimens de celle qui écrit. Une édition correcte n'en était pas moins un dernier hommage que méritait et qu'attendait encore cette mémoire charmante, si peu en peine de la postérité, et n'aspirant qu'à un petit nombre de cœurs. Un érudit bien connu par sa conscience, sa rectitude et sa sagacité d'investigation en ces matières, M. Ravenel, après s'être avisé le premier de tout ce qu'avaient de défectueux les éditions antérieures, a préparé dès long-temps la sienne, qui est en voie de s'exécuter. Un ami dont le nom reviendra souvent sous notre plume, et dont le talent animé d'un pur zèle fait faute désormais en bien des endroits de la littérature, M. Charles Labitte, devait s'y associer à M. Ravenel : c'est avec les notes de l'un, c'est moyennant les renseignemens continus et les directions de l'autre, qu'il m'est permis ici de venir repasser sur cette histoire et d'en fixer quelques particularités avec plus de précision qu'on n'avait fait jusqu'à présent. L'érudition ou ce qui pourrait en avoir l'air, en s'appliquant à ces sujets qui en sont si éloignés par nature, change véritablement de nom et prend quelque chose de la piété qui se met en quête vers les moindres reliques d'un mort chéri.

M. de Ferriol, ambassadeur de France à Constantinople, vit un jour, parmi les esclaves qu'on amenait vendre au marché, une petite fille qui paraissait âgée d'environ quatre ans, et dont la physionomie l'intéressa : les Turcs avaient pris et saccagé une ville de Circassie, ils en avaient tué ou emmené en esclavage les habitans; l'enfant avait échappé au massacre de ses parens, lesquels étaient princes, dit-on, en leur pays. Du moins les souvenirs de la petite fille lui retraçaient un palais où elle était élevée, et une foule de gens empressés à la servir. M. de Ferriol acheta assez cher (1,500 livres) la petite Circassienne; il était coutumier d'acheter de belles esclaves, et ce n'était guère dans un but désintéressé (1). Ici il ne paraît pas que son intention

---

(1) Voici une petite anecdote à l'appui : « M. le comte de Nogent, qui s'appelle Bautru en son nom, est lieutenant-général des armées du roi, fils et peut-être petit-fils d'officier-général, frère de Mme la duchesse de Biron. C'est un homme qui toujours l'a porté fort haut et a fait le seigneur à la cour. Sa hauteur lui a attiré une scène fort déplaisante, en insultant à sa table, à Nogent-le-Roi, pendant les vacances, un officier de son voisinage, au sujet d'un mariage pour sa fille. Il a même eu la sottise de demander une réparation devant

fût beaucoup plus pure ni exempte d'arrière-pensée : il songeait à l'avenir et à cultiver cette jeune fleur d'Asie. Étant revenu en France, il y amena l'enfant (1) et la plaça, en attendant mieux, chez

les juges de Chartres. Cela a donné occasion à cet officier de faire ou faire faire un petit mémoire que l'on a trouvé parfaitement écrit, et qui a été répandu dans tout Paris... Dans le mémoire en question, l'officier parle de la noblesse de la mère : on demanderait à propos de quoi. C'est une petite allusion sur ce que M. de Ferriol, ambassadeur à Constantinople, ramena ici deux esclaves très belles. Il en garda une pour lui; le comte de Nogent, qui peut-être était son ami, prit l'autre. Non-seulement il l'a gardée, mais il l'a épousée, et c'est d'elle que vient la fille à marier qui a fait le sujet de la dispute. » (*Journal* de l'avocat Barbier, avril 1732, p. 578-579, Bibliothèque du roi, mss., supplém. franç., n° 2036¹⁷.)

(1) M. de Ferriol eut plusieurs missions et fit plusieurs voyages et séjours à Constantinople. Une première fois, en 1692, il fut envoyé auprès de l'ambassadeur de France, qui le présenta au grand-vizir, et celui-ci l'autorisa à le suivre à l'armée; M. de Ferriol fit ainsi les campagnes de 1692, 1693 et 1694, dans la guerre des Turcs et des Hongrois mécontens contre l'Empereur. Revenu en France au printemps de 1695, il reçoit en mars 1696 une nouvelle mission, et cette fois il est accrédité directement auprès du grand-vizir; il fait la campagne de 1696, celle de 1697, passe l'hiver et le printemps de 1698 à Constantinople, s'embarque pour la France le 22 juin 1698, et arrive à Marseille le 20 août. — C'est dans ce second voyage qu'il acheta et qu'il amena en France la jeune Aïssé. — En 1699, M. de Ferriol, qui n'avait eu jusque-là que des

sa belle-sœur, Mme de Ferriol. Celle-ci, Tencin de son nom, sœur de la célèbre chanoinesse et du futur cardinal, était digne de la famille à tous égards, belle, galante et intrigante. Le mari, M. de Ferriol, receveur-général des finances du Dauphiné, et conseiller, puis président au parlement de Metz, ne joua dans la vie de sa femme qu'un rôle insignifiant et commode. La grande liaison de Mme de Ferriol fut avec le maréchal d'Uxelles. Les recueils du temps (1) donnent comme s'appliquant au premier éclat de leurs amours l'ode de J.-B. Rousseau imitée d'Horace :

> Quel charme, Beauté dangereuse,
> Assoupit ton nouveau Pâris ?
> Dans quelle oisiveté honteuse
> De tes yeux la douceur flatteuse
> A-t-elle plongé ses esprits ?

missions temporaires, remplaça à Constantinople, en qualité d'ambassadeur, M. Castagnères de Chateauneuf. Parti de Toulon dans les derniers jours de juillet 1699, il alla résider en Turquie durant plus de dix ans, ne fut remplacé qu'en novembre 1710, par M. Desalleurs, et ne rentra en France que le 23 mai 1711. Ces dates, que nous devons aux bienveillantes communications de M. Mignet, nous seront tout à l'heure précieuses.

(1) Bibliothèque du roi, mss., dans le *Recueil* dit *de Maurepas* (xxx, page 279, année 1716). — Voir ci-après la note (A).

La fin de l'ode semblait menacer l'amant crédule de quelque prochaine inconstance de la perfide :

> Insensé qui sur tes promesses
> Croit pouvoir fonder son appui,
> Sans songer que mêmes tendresses,
> Mêmes sermens, mêmes caresses,
> Trompèrent un autre avant lui!

Mais il ne paraît pas que le pronostic ait eu son effet : Mme de Ferriol comprit vite que son crédit dans le monde et sa considération étaient attachés à cette liaison avec le maréchal-ministre, et elle s'y tint. On voit, dans les lettres nombreuses que lord Bolingbroke adresse à Mme de Ferriol (1), qu'il n'en est aucune où il ne lui parle du maréchal comme du grand intérêt de sa vie. Il résulte du témoignage de Mlle Aïssé qu'il y avait dans cet état plus de montre que de fond, et que le crédit de la dame baissa fort avec l'éclat de ses yeux (2). Tant

---

(1) *Lettres historiques, politiques, philosophiques et littéraires* de lord Bolingbroke; 3 vol. in-8°, 1808. Ces lettres sont une source des plus essentielles pour l'histoire d'Aïssé.

(2) « Tout le monde est excédé de ses incertitudes (il s'agissait d'un voyage à faire à Pont-de-Veyle en Bourgogne); le vrai de ses difficultés, c'est qu'elle ne voudrait point quitter le maréchal, qui ne s'en soucie point et ne ferait pas un pas pour elle. Mais elle croit que cela lui donne de la considéra-

qu'elle fut jeune pourtant, Mme de Ferriol parut fort recherchée, et elle eut rang parmi les femmes en vogue du temps. Ses deux fils, MM. de Pont-de-Veyle et d'Argental, surtout ce dernier, furent élevés avec la jeune Aïssé comme avec une sœur. Les Registres de la paroisse Saint-Eustache, à la date du 21 décembre 1700, nous montrent *damoiselle Charlotte Haidée* (1) et le petit Antoine de Ferriol (Pont-de-Veyle), représentant tous deux le parrain et la marraine absens au baptême de d'Argental, « lesquels, est-il dit des deux enfans témoins, ont déclaré ne savoir signer. » Aïssé pouvait avoir sept ans au plus à cette date de 1700, ayant été achetée en 1697 ou 1698. L'éducation répara vite ces premiers retards. Un passage des Lettres semble indiquer qu'elle fut mise au couvent des Nouvelles Catholiques, mais c'est surtout dans le monde qu'elle se forma. Cette décadence de Louis XIV, où la corruption pour éclater n'attendait que l'heure, faisait

---

tion dans le monde. Personne ne s'adresse à elle pour demander des graces au vieux maréchal..... » (Lettre xv.)

(1) Elle s'appelait *Charlotte*, du nom de l'ambassadeur (*Charles*), qui fut sans doute son parrain. — *Haidée, Aïssé*, paraissent n'être que des variantes de transcription d'un même nom de femme bien connu chez les Turcs. La plus adorable entre les héroïnes du *Don Juan* de Byron est une Haidée. — Voir ci-après les notes (B) et (C).

encore une société bien spirituelle, bien riche d'agrémens; cela était surtout vrai des femmes et du ton; le goût valait mieux que les mœurs; on sortait de Saint-Cyr, après tout, on venait de lire La Bruyère. On retrouverait jusque dans Mme de Tencin la langue de Mme de Maintenon. L'esprit d'Aïssé ne fut pas lent à s'orner de tout ce qui pouvait relever ses graces naturelles sans leur ôter rien de leur légèreté, et la *jeune Circassienne*, la *jeune Grecque* (D), comme chacun l'appelait autour d'elle, continua d'être une créature ravissante, en même temps qu'elle devint une personne accomplie.

Une grave, une fâcheuse et tout-à-fait déplaisante question se présente : quel fut le procédé de M. de Ferriol l'ambassadeur à l'égard de celle qu'il considérait comme son bien, lorsqu'il la vit ainsi ou qu'il la retrouva grandissante et mûrissante, *tempestiva viro*, comme dit Horace? Cette question semblait n'en être plus une depuis long-temps; on a cité un passage tiré d'une lettre de M. de Ferriol à Mlle Aïssé, trouvée dans les papiers de M. d'Argental, duquel il ressortait trop nettement, ce semble, qu'elle aurait été sa maîtresse; mais ce passage isolé en dit plus peut-être qu'il ne convient d'y entendre, à le lire en son lieu et en son vrai sens. Nous donnerons donc ici la lettre entière, qui n'a été publiée qu'assez récemment (1); elle ne porte avec elle aucune indication de date ni d'endroit.

Lettre de M. de Ferriol, ambassadeur à Constantinople, à mademoiselle Aïssé.

« Lorsque je vous retiray des mains des infidelles, et que je vous acheptay, mon intention n'estoit pas de me préparer des chagrins, et de me rendre malheureux ; au contraire, je prétendis profiter de la décision du destin sur le sort des hommes pour disposer de vous à ma volonté, et pour en faire un jour ma fille ou ma maistresse. Le mesme destin veut que vous soiés l'une et l'autre, ne m'estant pas possible de séparer l'amour de l'amitié, et des désirs ardens d'une tendresse de père; et tranquile, conformés vous au destin, et ne séparés pas ce qu'il semble que le Ciel ayt pris plaisir de joindre.

« Vous auriés esté la maistresse d'un Turc qui auroit peut estre partagé sa tendresse avec vingt autres, et je vous aime uniquement, au point que je veux que tout soit commun entre nous, et que vous disposiés de ce que j'ay comme moy mesme.

« Sur touttes choses plus de brouilleries, observés vous et ne donnés aux mauvaises langues aucune prise sur vous, soyés aussy un peu circonspecte sur le choix de vos amyes, et ne vous livrés à elles que de bonne sorte,

---

(1) Par la *Société des Bibliophiles français*, année 1828.

et quand je seray content, vous trouverés en moy ce que vous ne trouveriés en nul autre, les nœuds à part qui nous lient indissolublement. Je t'embrasse, ma chère Aïssé, de tout mon cœur. »

Voilà une lettre qui, certes, est bien capable, à première lecture, de donner la chair de poule aux amis délicats de la tendre Aïssé; M. de La Porte, qui la publia en 1828, la prend dans son sens le plus grave, sans même songer à la discuter; si alarmante qu'elle soit, elle se trouve pourtant moins accablante à la réflexion, et, pour mon compte, je me range tout-à-fait à l'avis de M. Ravenel, que notre ami, M. Labitte, partageait également : cette lettre ne me fait pas rendre les armes du premier coup. Qu'y voit-on en effet? Raisonnons un peu. On y voit qu'à un certain moment M. de Ferriol fut jaloux de quelqu'un dont on commençait à jaser auprès d'Aïssé, qu'à cette occasion il signifia à celle-ci ses intentions, jusque-là obscures, et sa volonté, dont elle avait pu douter, se considérant plutôt comme sa fille : *Le même destin veut que vous soyez l'une et l'autre....* Cette parole, remarquez-le bien, s'applique à l'avenir bien plus naturellement qu'au passé. L'enfant est devenue une jeune fille; elle n'a pas moins de dix-sept ou dix-huit ans, alors que M. de Ferriol (je le suppose rentré en France) a soixante ans bien sonnés, car il ne rentre qu'en mai 1711 (1). Voilà donc qu'aux premiers nœuds, en quelque sorte légitimes, qui, dit-il, les *lient déjà indissolublement*, et qu'il a soin de mettre *à part*, le tuteur et maître croit que le temps est venu d'en ajouter d'autres. Il se déclare pour la première fois nettement, il se propose et prétend s'imposer : reste toujours à savoir s'il fut accepté, et rien ne le prouve. J'insiste là-dessus : la phrase qui, lue isolément, semblait constater une situation établie, accomplie, et sur laquelle on s'est jusqu'ici fondé, comme sur une pièce de conviction, pour rendre l'esclave à son maître, n'indique qu'un ordre pour l'avenir, un commandement à la turque; or, encore une fois, rien n'indique que l'aga ait été obéi.

Je ne parle ici qu'en me réduisant aux termes mêmes de la lettre, mais il y a plus, il y a mieux : le caractère d'Aïssé est connu; sa noblesse, sa délicatesse de sentimens, sont manifestes dans ses lettres et par tout l'ensemble de sa conduite. Il n'y avait pour elle de ce côté-là qu'un danger, c'était dans ces années obscures, indécises, où la puberté nais-

---

(1) Lorsqu'il mourut en octobre 1722, il est dit dans les Registres de Saint-Roch qu'il était âgé d'environ soixante-quinze ans. — Voir ci-après la note (E).

sante de la jeune fille se confond encore dans l'ignorance de l'enfant, alors qu'on peut dire :

Il n'est déjà plus nuit, il n'est pas encor jour.

Or, ces années-là, ces années *entre chien et loup*, elle les passa à quatre cents lieues de M. de Ferriol, et rien n'est plus probant en telle matière que l'*alibi* (1). Lorsqu'il revint dans l'été de 1711, elle avait déjà atteint à cet âge où l'on n'est plus abusée que lorsqu'on le veut bien; elle avait de dix-sept à dix-huit ans, et M. de Ferriol en avait environ soixante-quatre. Ce sont là aussi des garanties, surtout, je le répète, quand le caractère d'ailleurs est bien connu, et qu'on a affaire à une personne d'esprit

(1) On a dit dans une note précédente qu'il résidait à Constantinople en qualité d'ambassadeur; il y était arrivé le 11 janvier 1700. Tandis qu'Aïssé, en France, cessait d'être un enfant, il avait maille à partir ailleurs; l'extrait suivant, puisé aux sources, ne laisse rien à désirer : « En 1709, des plaintes ayant été portées contre lui par divers membres de la nation française, il est rappelé le 27 mars 1710. Son rappel est fondé sur l'état de sa santé, dont il ne se plaint pas. Bien que remplacé par le comte Desalleurs, qui prend en main les affaires de l'ambassade le 2 novembre 1710, M. de Ferriol n'en continue pas moins de correspondre avec la Cour sur les affaires, se plaint vivement de M. Desalleurs, qui le lui rend bien, et enfin s'embarque le 30 mars 1711 pour la France, où il arrive le 23 mai. » — Voir ci-après la note (F).

et de cœur, qui va tout à l'heure résister au Régent de France.

A quelle date la lettre qu'on a lue fut-elle écrite? Dans quelle circonstance et à quelle occasion? M*lle* Aïssé, en ses Lettres, a raconté avec enjouement l'histoire de ce qu'elle appelle *ses amours avec le duc de Gèvres,* amours de deux enfans de huit à dix ans, et dont elle se moquait à douze : « Comme on nous voyait toujours ensemble, les gouverneurs et les gouvernantes en firent des plaisanteries entre eux, et cela vint aux oreilles de mon *aga,* qui, comme vous le jugez, fit un beau roman de tout cela. » Serait-ce à propos de ce bruit, commenté et grossi après coup, que la semonce aurait été écrite? A-t-elle pu l'être de Constantinople même, et en prévision du retour, ce qui serait une grossièreté de plus? Quoi qu'il en soit, dans cette même lettre où M*lle* Aïssé raconte ses amours enfantines, elle ajoute, en s'adressant à son amie, M*me* de Calandrini : « Quoi, madame! vous me croiriez capable de vous tromper! Je vous ai fait l'aveu de toutes mes faiblesses, elles sont bien grandes; mais jamais je n'ai pu aimer qui je ne pouvais estimer. Si ma raison n'a pu vaincre ma passion, mon cœur ne pouvait être séduit que par la vertu ou par tout ce qui en avait l'apparence. » Un tel langage dans une bouche si sincère, et de la part d'une conscience si droite, n'exclut-il pas toute liaison d'un certain genre avec M. de Ferriol? Il n'y en a pas trace dans la suite de ces lettres à Mme de Calandrini. Chaque fois qu'Aïssé, dans cette confidence touchante, se reproche ses fautes, ce n'est que par rapport à une seule personne trop chère, et il n'y paraît aucune allusion à une autre faiblesse, plus ou moins volontaire, qui aurait précédé et qu'elle aurait dû considérer, d'après ses idées acquises depuis, comme une mortelle flétrissure. Lorsqu'elle résiste aux instances de mariage que lui fait son passionné chevalier, parmi les raisons qu'elle oppose, on ne voit pas que la pensée d'une telle objection se soit présentée à elle; elle ne se trouve point digne de lui par la fortune, par la situation, et non point du tout parce qu'elle a été la victime d'un autre. Lorsqu'elle parle de l'ambassadeur défunt, elle le fait en des termes d'affection qui n'impliquent aucun ressentiment, tel qu'un pareil acte aurait dû lui en laisser : « Pour parler de la vie que je mène, et dont vous avez la bonté, écrit-elle à son amie (1), de me demander des détails, je vous dirai que la maîtresse de cette maison est bien plus difficile à vivre que le *pauvre ambassadeur*. » Parlerait-elle sur ce ton de quelqu'un

---

(1) Lettre IX.

qui lui rappellerait décidément une faute odieuse, avilissante? Pourquoi ne pas admettre que ce *pauvre* ambassadeur, déjà vieux et *vaincu du temps*, comme dit le poète, finit par se décourager et par devenir bon homme?

Et en effet, jusqu'à la publication du fragment malencontreux, on avait cru dans la société que, si M. de Ferriol avait eu à un moment quelque dessein sur elle, Mlle Aïssé avait dû à la protection des fils de Mme de Ferriol, et particulièrement à celle de d'Argental, de s'être soustraite aux persécutions de l'oncle. C'était le sentiment des premiers éditeurs, héritiers des traditions et des souvenirs de la famille Calandrini; personne alors ne le contesta (1). L'*Année littéraire*, parlant d'Aïssé au sujet de cette publication, disait : « Elle se fit aimer de tout le monde; malheureusement tout autour d'elle respirait la volupté. Cette éducation dangereuse ne la séduisit cependant pas au point de la faire céder aux

---

(1) On trouve dans le *Journal de Paris*, du 28 novembre 1787, une lettre signée *Villars* qui reproche à l'éditeur d'avoir mêlé à sa publication des anecdotes défavorables à la famille Ferriol; le témoignage de M. d'Argental, encore vivant, y est invoqué. Cette lettre, écrite dans un intérêt de famille, prouve une seule chose, c'est qu'on était loin de croire alors et qu'on n'avait jamais admis jusque-là qu'Aïssé eût été sacrifiée à l'ambassadeur. — Voir ci-après la note (G).

vues de M. de Ferriol qui, peu généreux, exigeait d'elle trop de reconnaissance, et d'un grand Prince qui voulait en faire sa maîtresse; mais elle la disposa à la tendresse, et le chevalier d'Aydie en profita (1). » Le récit de M. Craufurd (2) rentre tout-à-fait dans cette opinion qu'on avait généralement, et on sent qu'il ne change d'avis que sur la prétendue preuve écrite. Nous croyons avoir réduit cette preuve à sa juste valeur.

Le fait est qu'à dater d'un certain moment, qui pourrait bien n'être autre que celui de la tentative avortée, Mlle Aïssé eut son domicile habituel chez Mme de Ferriol, et ce ne fut plus ensuite que dans les deux dernières années de la vie de l'ambassadeur qu'elle retourna près de lui pour lui rendre les soins de la reconnaissance. Il mourut le 26 octobre 1722, à l'âge d'environ soixante-quinze ans. Est-il besoin d'ajouter que, durant ce dernier séjour (3), elle était plus que préservée par toutes les

(1) *Année littéraire*, 1788, tome VI, page 209.

(2) *Essais de Littérature française*, tome Ier, page 188 (3e édition).

(3) Mme de Ferriol, qui avait habité d'abord rue des Fossés-Montmartre, logeait en dernier lieu rue Neuve-Saint-Augustin, et l'ambassadeur demeurait dans le même hôtel; ainsi ces diverses installations pour Aïssé se réduisaient au plus à un changement d'appartement.

bonnes raisons et par l'amour même du chevalier d'Aydie, qui l'aimait dès lors, comme on le voit d'après certains passages des Lettres de lord Bolingbroke. Je transcrirai ici quelques-uns de ces endroits qui ont de l'intérêt à travers leur obscurité et malgré le sous-entendu des allusions.

Bolingbroke écrivait à Mme de Ferriol, le 17 novembre 1721, en l'invitant à venir passer les fêtes de Noël à sa campagne de *la Source*, près d'Orléans : « Nous avons été fort agréablement surpris de voir que Mlle Aïssé veuille être de la partie et renoncer pendant quelque temps aux plaisirs de Paris. Peut-être ne fait-elle pas mal de visiter ses amis au fond d'une province comme d'autres y vont visiter leurs mères. Quel que soit le motif qui nous attire ce plaisir, nous lui en sommes très obligés... » Et sur une autre page de la même lettre, dans une apostille pour M. d'Argental : « N'auriez-vous pas contribué à nous procurer le plaisir d'y voir Mlle Aïssé? Je soupçonne fort que vos conseils, et peut-être le procédé d'une autre personne, lui ont inspiré un goût pour la campagne que je tâcherais de cultiver, si j'avais quelques années de moins. » — Quel est ce procédé? et de quelle autre personne s'agit-il? Nous chercherons tout à l'heure. — Un mois après, Bolingbroke écrivait encore à Mme de Ferriol (30 décembre 1721) : « Je compte que vous viendrez; je me flatte même de l'espérance d'y voir Mme du Deffand; mais, pour Mlle Aïssé, je ne l'attends pas. Le turc sera son excuse, et un certain chrétien de ma connaissance, sa raison. » Ainsi, dès-lors, Mlle Aïssé était aimée du chevalier d'Aydie (car c'est bien lui qui se trouve ici désigné), et si elle restait à Paris, sous prétexte de ne pas quitter M. de Ferriol, elle avait sa raison secrète, plus voisine du cœur.

A une date antérieure, le 4 février 1719, il est question, dans un autre billet de Bolingbroke à d'Argental, de je ne sais quel événement plus ou moins fâcheux survenu à l'aimable Circassienne; je donne les termes mêmes sans me flatter de les pénétrer : « Je vous suis très obligé, mon cher monsieur, de votre apostille; mais la nouvelle que vous m'y envoyez me fâche extrêmement. Mlle Aïssé était si charmante, que toute métamorphose lui sera désavantageuse. Comme vous êtes *de tous ses secrets le grand dépositaire* (1), je ne doute point que vous ne sachiez ce qui peut lui avoir attiré ce malheur : est-elle la victime de la jalousie de quelque déesse, ou de la perfidie de quelque dieu? Faites-

---

(1)   Tu seras de mon cœur l'unique secrétaire,
     Et de tous nos secrets le grand dépositaire.

C'est Dorante qui dit cela dans *le Menteur* (acte II, scène VI.) Bolingbroke savait sa littérature française par le menu.

lui mes très humbles complimens, je vous supplie. J'aimerais mieux avoir trouvé le secret de lui plaire que celui de la quadrature du cercle ou de fixer la longitude. » Comme ce billet à d'Argental est écrit en apostille d'une lettre à Mme de Ferriol et à la suite de la même page, on ne doit pas y chercher un bien grand mystère. Cette métamorphose, qui ne saurait être que *désavantageuse,* pourrait bien n'avoir été autre chose que la petite-vérole qu'aurait envoyée à ce charmant visage quelque divinité jalouse; dans tous les cas, il ne paraît point qu'elle ait laissé beaucoup de traces, et le don de plaire fut après ce qu'il était avant.

La phrase qu'on a lue plus haut sur le *procédé* d'une certaine personne, lequel était de nature, selon Bolingbroke, à faire désirer à Mlle Aïssé un éloignement momentané de Paris, pourrait bien s'appliquer à ce qu'on sait d'une tentative du Régent auprès d'elle. Ce prince en effet, l'ayant rencontrée chez Mme de Parabère, la trouva tout aussitôt à son gré et ne douta point de réussir; il chercha à plaire de sa personne, en même temps qu'il fit faire sous main des offres séduisantes, capables de réduire la plus rebelle des Danaë; finalement il mit en jeu Mme de Ferriol elle-même, peu scrupuleuse et propre à toutes sortes d'emplois. Rien n'y put faire, et Mlle Aïssé, décidée à ne point séparer le don de son cœur d'avec son estime, déclara que, si on continuait de l'obséder, elle se jetterait dans un couvent. Une telle conduite semble assez répondre de celle qu'elle tint envers M. de Ferriol; les deux sultans eurent le même sort; seulement elle y mit avec l'un toute la façon désirable, tout le dédommagement du respect filial et de la reconnaissance.

L'ambassadeur mort (octobre 1722), Mlle Aïssé revint loger chez Mme de Ferriol qui manqua de délicatesse jusqu'à lui reprocher les bienfaits du défunt. Indépendamment d'un contrat de 4,000 liv. de rentes viagères, ce turc qui avait du bon, et dont l'affection pour celle qu'il nommait sa fille était réelle, bien que mélangée, lui avait laissé en dernier lieu un billet d'une somme assez forte, payable par ses héritiers. Cette somme à débourser tenait surtout à cœur à Mme de Ferriol, et elle le fit sentir à Mlle Aïssé, qui se leva, alla prendre le billet et le jeta au feu en sa présence.

Ce dut être en 1721 ou 1720 au plus tôt, que les relations de Mlle Aïssé et du chevalier d'Aydie commencèrent : elle le vit pour la première fois chez Mme du Deffand, jeune alors, mariée depuis 1718, et qui était citée pour ses beaux yeux et sa conduite légère, non moins que pour son imagination vive et féconde, comme elle le fut plus tard pour sa cécité patiente, sa fidélité en amitié et son inexorable justesse de raison. Le chevalier Blaise-Marie d'Aydie, né vers 1690, fils de François d'Aydie et de Marie de Sainte-Aulaire, était propre neveu par sa mère du marquis de Sainte-Aulaire de l'Académie française (1). Ses parens eurent neuf enfans et peu de biens; trois filles entrèrent au couvent, trois cadets suivirent l'état ecclésiastique. Blaise, le second des garçons, qui avait titre *clerc tonsuré du diocèse de Périgueux, chevalier non profès de l'Ordre de Saint-Jean de Jérusalem*, fut présenté à la cour du Palais-Royal par son cousin le comte de Rions, lequel était l'amant avoué et le mari secret de la duchesse de Berry, fille du Régent. Rions avait la haute main au Luxembourg; il introduisit son jeune cousin, dont la bonne mine réussit d'emblée assez bien pour attirer un caprice passager de cette princesse, qui ne se les refusait guère. Le chevalier était donc dans le monde sur le pied d'un homme à la mode, lorsqu'il rencontra Mlle Aïssé, et, de ce jour-là, il ne fut plus qu'un homme passionné, délicat et sensible. Les premiers temps de leur liaison paraissent avoir été

---

(1) J'emprunterai beaucoup, dans tout ce que j'aurai à dire du chevalier d'Aydie, à une notice manuscrite dont je dois communication à la bienveillance de M. le comte de Sainte-Aulaire.

traversés; la résistance de la jeune femme, la concurrence peut-être du Régent, quelques restes de jalousie sans doute de M. de Ferriol, compliquèrent cette passion naissante. Le chevalier fit un long voyage, et on le voit au bout de la Pologne, à Wilna, en juin 1723; mais, à son retour, Mlle Aïssé était vaincue, et on n'en pourrait douter, lors même qu'on n'en aurait d'autre preuve que ce passage d'une lettre de Bolingbroke à d'Argental (de Londres, 28 décembre 1725) : « Parlons, en premier lieu, mon respectable magistrat, de l'objet de nos amours. Je viens d'en recevoir une lettre : vous y avez donné occasion, et je vous en remercie. En vous voyant, elle se souvient de moi; et je meurs de peur qu'en me voyant, elle ne se souvienne de vous. Hélas! en voyant le *Sarmate*, elle ne songe ni à l'un ni à l'autre. Devineriez-vous bien la raison de ceci? Faites-lui mes tendres complimens. J'aurai l'honneur de lui répondre au premier jour... Mille complimens à M. votre frère. J'adore mon aimable gouvernante (1); mandez-moi des nouvelles de son cœur; c'est devant vous qu'il s'épanche. »

---

(1) Toujours Mlle Aïssé; il la désigne ainsi par suite de quelque plaisanterie de société et par allusion probablement au rôle où il l'avait vue dans les derniers temps de M. de Ferriol.

Ce passage en sous-entendait beaucoup plus qu'il n'en exprimait, et l'année précédente il s'était passé un événement dont bien peu de personnes avaient eu le secret. Mlle Aïssé, sentant qu'elle allait devenir mère, n'avait pu prendre sur elle de se confier à Mme de Ferriol, qui aurait trop triomphé de voir le naufrage d'une vertu naguère si assurée, et qui n'était pas femme à comprendre ce qui sépare une tendre faiblesse d'une séduction par intérêt ou par vanité. Dans son anxiété croissante, et les momens du péril approchant, la jeune femme recourut à Mme de Villette, qui, depuis un an ou deux ans, avait pris nom lady Bolingbroke. Cette dame aimable et spirituelle avait épousé en premières noces le marquis de Villette, proche parent de Mme de Maintenon (1), veuf et père déjà de plusieurs enfans, du nombre desquels était cette charmante Mme de Caylus. Mme de Villette, à peu près du même âge que sa belle-fille et sortie également de Saint-Cyr, avait, dans son veuvage, contracté une union fort intime, fort effective, avec lord Bolingbroke, alors réfugié en France : tantôt il passait le temps chez elle, à sa campagne de Marsilly, près de Nogent-sur-Seine; tantôt elle habitait chez

---

(1) Philippe de Valois, marquis de Villette, chef d'escadre, dont M. de Monmerqué vient de publier les *Mémoires* (1844).

lui, à sa jolie retraite de la Source, près d'Orléans, où Voltaire les visitait. Dans un voyage qu'elle fit à Londres pour les intérêts de l'homme illustre et orageux dont elle avait su fixer le cœur, elle avait paru comme sa femme et elle en garda le nom, quoique de malins amis aient voulu douter que le sacrement ait jamais consacré entre eux le lien. Peu nous importe ici : elle était bonne, elle était indulgente; elle entra vivement dans les tourmens de la pauvre Aïssé et n'épargna rien pour pourvoir à ses embarras. Elle fit semblant de l'emmener en Angleterre vers la fin de mai 1724 ; pendant ce temps, Bolingbroke, resté en France, écrivait de la Source à Mme de Ferriol, pour mieux déjouer tous soupçons (2 juin 1724) : « Avez-vous eu des nouvelles d'Aïssé ? La marquise (Mme de Villette) m'écrit de Douvres : elle y est arrivée vendredi au soir, après le passage du monde le plus favorable. La mer ne lui a causé qu'un peu de tourment de tête; mais, pour sa compagne de voyage, elle a rendu son dîner aux poissons. »

On conjecture que ce fut à cette époque même qu'Aïssé, retirée dans un faubourg de Paris, entourée des soins du chevalier et assistée de la fidèle Sophie, sa femme de chambre, donna le jour à une fille, qui fut baptisée sous le nom de *Célénie Leblond*. On retrouve lady Bolingbroke de retour en France dès septembre 1724; probablement elle fut censée ramener sa compagne; les détails du stratagème nous échappent. Il est certain d'ailleurs qu'elle se chargea d'abord de l'enfant; elle put l'emmener en Angleterre où elle retournait à la fin d'octobre, même année; quelque temps après, la petite fille reparut pour être placée au couvent de Notre-Dame à Sens, sous le nom de miss *Black* (1) et à titre de nièce de lord Bolingbroke. L'abbesse de ce couvent était une fille même de Mme de Villette, née du premier mariage. Tout cela, on le voit, concorde et s'explique à merveille; on a le cadre et le canevas du roman; mais c'est de la physionomie des personnages et de la nature des sentimens qu'il tire son véritable et durable intérêt.

Le chevalier d'Aydie, dans sa jeunesse, offrait plus d'un de ces traits qui s'adaptent d'eux-mêmes à un héros de roman; Voltaire, écrivant à Thieriot et lui parlant de sa tragédie d'*Adélaïde Du Guesclin* à laquelle il travaillait alors, disait (24 février 1733): « C'est un sujet tout français et tout de mon invention, où j'ai fourré le plus que j'ai pu d'amour, de jalousie, de fureur, de bienséance, de probité et de

---

(1) Ce nom de fantaisie, *miss Black*, semble avoir été donné pour faire contraste et contre-vérité à celui de *Célénie Leblond*.

grandeur d'ame. J'ai imaginé un sire de Couci, qui est un très digne homme, comme on n'en voit guère à la cour; un très loyal chevalier, comme qui dirait le chevalier d'Aydie, ou le chevalier de Froulay. » Il avait dans le moment à se louer des bons offices de tous deux près du garde des sceaux; il y revient dans une lettre du 13 janvier 1736, à Thieriot encore : « Si vous revoyez les deux chevaliers sans peur et sans reproche, joignez, je vous en prie, votre reconnaissance à la mienne. Je leur ai écrit; mais il me semble que je ne leur ai pas dit assez avec quelle sensibilité je suis touché de leurs bontés, et combien je suis orgueilleux d'avoir pour mes protecteurs les deux plus vertueux hommes du royaume. » — La *Correspondance* de Mme du Deffand (1) nous donne également à connaître le chevalier par le dehors et tel qu'il était aux yeux du monde et dans l'habitude de l'amitié. Plusieurs lettres de lui nous le font voir après la jeunesse et bonnement retiré en famille dans sa province. Nous donnerons ici au long son portrait tracé par Mme du Deffand; elle soupçonnait, mais elle ne marque pas assez profondément (car le monde ne sait pas tout) ce qui était le trait distinctif de son être, la sensibilité, la passion et surtout la tendre fidélité dont

(1) Les deux volumes in-8° publiés en 1809.

il se montra capable : ce sera à Mˡˡᵉ Aïssé de compléter Mᵐᵉ du Deffand sur ces points-là.

Portrait de M. le chevalier d'Aydie par madame la marquise du Deffand (1).

« L'esprit de M. le Chevalier d'Aydie est chaud, ferme et vigoureux; tout en lui a la force et la vérité du sentiment. On dit de M. de Fontenelle qu'à la place du cœur il a un second cerveau; on pourrait croire que la tête du Chevalier contient un second cœur. Il prouve la vérité de ce que dit Rousseau, que c'est dans notre cœur que notre esprit réside (2).

« Jamais les idées du Chevalier ne sont affoiblies, sub-

---

(1) Grace à une copie manuscrite qui provient des papiers mêmes du chevalier, nous pouvons donner ce portrait, un peu différent de ce qu'il est dans la *Correspondance* de Mᵐᵉ du Deffand; on a fait subir à celui-ci, comme il arrive trop souvent, de prétendues petites corrections qui l'ont écourté.

(2) Dans le Portrait tel qu'il a été imprimé en 1809, cette phrase sur Rousseau est supprimée, et l'on y a mis l'observation sur Fontenelle au passé : On *a* dit de M. de Fontenelle qu'il *avait*... Il résulte, au contraire, de notre version plus exacte et plus complète que Fontenelle vivait encore quand Mᵐᵉ du Deffand traçait ce portrait. Quant à Rousseau, il s'agit ici de Jean-Baptiste, qui a dit dans son Épître à M. de Breteuil :

Votre cœur seul doit être votre guide :
Ce n'est qu'en lui que notre esprit réside.

tilisées ni refroidies par une vaine métaphysique. Tout est premier mouvement en lui ; il se laisse aller à l'impression que lui font les sujets qu'il traite. Souvent il en devient plus affecté, à mesure qu'il parle; souvent il est embarrassé au choix du mot le plus propre à rendre sa pensée, et l'effort qu'il fait alors donne plus de ressort et d'énergie à ses paroles. Il n'emprunte les idées ni les expressions de personne; ce qu'il voit, ce qu'il dit, il le voit et il le dit pour la première fois. Ses définitions, ses images sont justes, fortes et vives; enfin le Chevalier nous démontre que le langage du sentiment et de la passion est la sublime et véritable éloquence.

« Mais le cœur n'a pas la faculté de toujours sentir, il a des temps de repos; alors le Chevalier paraît ne plus exister. Enveloppé de ténèbres, ce n'est plus le même homme, et l'on croirait que, gouverné par un Génie, le Génie le reprend et l'abandonne suivant son caprice (1). Quoique le Chevalier pense et agisse par sentiment, ce

(1) L'imprimé de 1809 donne ici une version différente et qui mérite d'être reproduite, parce qu'elle ne laisse pas d'être heureuse et qu'elle semble de la plume même de l'auteur : « ... Alors le Chevalier n'est plus le même homme : toutes ses lumières s'éteignent; enveloppé de ténèbres, s'il parle, ce n'est plus avec la même éloquence; ses idées n'ont plus la même justesse, ni ses expressions la même énergie, elles ne sont qu'exagérées; on voit qu'il se recherche sans se trouver : l'original a disparu, il ne reste plus que la copie. » Cette expression : *il se recherche sans se trouver*, nous paraît d'une trop bonne langue pour ne pas provenir de Mme du Deffand.

n'est peut-être pas néanmoins l'homme du monde le plus passionné ni le plus tendre; il est affecté par trop de divers objets pour pouvoir l'être fortement par aucun en particulier. Sa sensibilité est, pour ainsi dire, distribuée à toutes les différentes facultés de son ame, et cette diversion pourrait bien défendre son cœur et lui assurer une liberté d'autant plus douce et d'autant plus solide, qu'elle est également éloignée de l'indifférence et de la tendresse. Cependant il croit aimer; mais ne s'abuse-t-il point? Il se passionne pour les vertus qui se trouvent en ses amis; il s'échauffe en parlant de ce qu'il leur doit, mais il se sépare d'eux sans peine, et l'on serait tenté de croire que personne n'est absolument nécessaire à son bonheur. En un mot, le Chevalier paraît plus sensible que tendre.

« Plus une ame est libre, plus elle est aisée à remuer. Aussi quiconque a du mérite peut attendre du Chevalier quelques momens de sensibilité. L'on jouit avec lui du plaisir d'apprendre ce qu'on vaut par les sentimens qu'il vous marque, et cette sorte de louanges et d'approbation est bien plus flatteuse que celle que l'esprit seul accorde et où le cœur ne prend point de part.

« Le discernement du Chevalier est éclairé et fin, son goût très juste; il ne peut rester simple spectateur des sottises et des fautes du genre humain. Tout ce qui blesse la probité et la vérité devient sa querelle particulière. Sans miséricorde pour les vices et sans indulgence pour les ridicules, il est la terreur des méchans et des sots; ils croient se venger de lui en l'accusant de sévérité outrée et de vertus romanesques; mais l'estime et l'amour des gens d'esprit et de mérite le défendent bien de pareils ennemis.

« Le Chevalier est trop souvent affecté et remué pour que son humeur soit égale; mais cette inégalité est plutôt agréable que fâcheuse. Chagrin sans être triste, misanthrope sans être sauvage, toujours vrai et naturel dans ses différens changemens, il plait par ses propres défauts, et l'on serait bien fâché qu'il fût plus parfait. »

Sans être un bel-esprit, comme cela devenait de mode à cette date, le chevalier d'Aydie avait de la lecture et du jugement; il savait *écouter et goûter;* son suffrage était de ceux qu'on ne négligeait pas. Lorsque d'Alembert publia en 1753 ses deux premiers volumes de *Mélanges,* Mme du Deffand consulta les diverses personnes de sa société; elle alla, pour ainsi dire, aux voix dans son salon, et mit à part les avis divers pour que l'auteur en pût faire ensuite son profit; c'est sans doute ce qui a procuré l'opinion du chevalier d'Aydie qu'on trouve recueillie dans les OEuvres de d'Alembert[1]. Très lié avec Montesquieu, il écrivait de lui avec une effusion dont on ne croirait pas qu'un si grave génie pût être l'objet, et qui de loin devient le plus piquant comme le plus touchant des éloges : « Je

---

[1] *OEuvres posthumes,* an VII, tome Ier, page 117.

vous félicite, madame, du plaisir que vous avez de revoir M. de Formont et M. de Montesquieu; vous avez sans doute beaucoup de part à leur retour, car je sais l'attachement que le premier a pour vous, et l'autre m'a souvent dit avec sa naïveté et sa sincérité ordinaire : « J'aime cette femme de tout mon cœur; elle me plaît, elle me divertit; il n'est pas possible de s'ennuyer un moment avec elle. » S'il vous aime donc, madame, si vous le divertissez, il y a apparence qu'il vous divertit aussi, et que vous l'aimez et le voyez souvent. Eh ! qui n'aimerait pas cet homme, ce bon homme, ce grand homme, original dans ses ouvrages, dans son caractère, dans ses manières, et toujours ou digne d'admiration ou aimable? » — Sans donc nous étendre davantage ni anticiper sur les années moins brillantes, on saisit bien, ce me semble, la physionomie du chevalier à cet âge où il est donné de plaire : brave, loyal, plein d'honneur, homme d'épée sans se faire de la gloire une idole, homme de goût sans viser à l'esprit, cœur naturel, il était de ceux qui ne sont tout entiers eux-mêmes et qui ne trouvent toute leur ambition et tout leur prix que dans l'amour.

On ne possède aucune des lettres qu'Aïssé lui adressa; nous n'avons l'image de cette passion, à la fois violente et délicate, que réfléchie dans le sein de l'amitié et déjà voilée par les larmes de la religion et du repentir. La fille d'Aïssé et du chevalier avait deux ans; leur liaison continuait avec des redoublemens de tendresse de la part du chevalier, qui bien souvent pensait à se faire relever de ses vœux pour épouser l'amie à laquelle il aurait voulu assurer une position avouée et la paix de l'ame. Il semblait, en effet, qu'une inquiétude secrète se fût logée au cœur de la tendre Aïssé, et qu'elle n'osât jouir de son bonheur. Les attendrissemens même que lui causaient les témoignages du chevalier étaient trop vifs pour elle et la consumaient. Elle n'aurait rien voulu accepter qui fût contre l'intérêt et contre l'honneur de famille de celui qu'elle aimait. Une sorte de langueur passionnée la minait en silence. C'est alors que, dans l'été de 1726, Mme de Calandrini vint de Genève passer quelques mois à Paris, et se lia d'amitié avec elle. Cette dame, qui, par son mariage, tenait à l'une des premières familles de Genève, était Française et Parisienne, fille de M. Pellissary, trésorier-général de la marine; elle avait eu l'honneur d'être célébrée, dans son enfance, par le poète galant Pavillon (1). Une sœur

---

(1) Voir dans les *OEuvres* d'Étienne Pavillon (1750, tome I, page 169) la lettre moitié vers et moitié prose, adressée à Mlle Julie de Pellissary, âgée de *huit ans*. Dans l'une des lettres suivantes (page 175), *sur le mariage de mademoiselle de*

de Mᵐᵉ Calandrini avait épousé le vicomte de Saint-John, père de lord Bolingbroke, qu'il avait eu d'un premier lit : de là l'étroite liaison des Calandrin avec les Bolingbroke, les Villette et les Ferriol. Genève ainsi tenait son coin chez les tories et dans la Régence. Mᵐᵉ de Calandrini était à la fois une femme aimable et une personne vertueuse; elle s'attacha à l'intéressante Aïssé, gagna sa confiance, reçut son secret, et lui donna des conseils qui peuvent paraître sévères, et qu'Aïssé ne trouvait que justes. Celle-ci, née pour les affections, et qui les avait dû refouler jusque-là, orpheline dès l'enfance, n'ayant pas eu de mère et l'étant à son tour sans oser le paraître, amante heureuse mais troublée dans son aveu, du moment qu'elle rencontra un cœur de femme digne de l'entendre, s'y abandonna pleinement, elle éclata : « Je vous aime comme ma mère, ma sœur, ma fille, enfin comme tout ce qu'on doit aimer. » De vifs regrets aussitôt, des retours presque douloureux s'y mêlèrent : «Hélas! que n'étiez-vous Mᵐᵉ de Ferriol! Vous m'auriez appris à connaître la vertu! » Et encore : « Hélas! madame, je vous ai vue malheureusement beaucoup trop tard. Ce que je vous ai dit cent fois, je vous le répéterai.

Pellissary avec M. Warthon, il faut lire *Saint-John* et non pas *Warthon*.

Dès le moment que je vous ai connue, j'ai senti pour vous la confiance et l'amitié la plus forte. J'ai un sincère plaisir à vous ouvrir mon cœur; je n'ai point rougi de vous confier toutes mes faiblesses; vous seule avez développé mon ame; elle était née pour être vertueuse. Sans pédanterie, connaissant le monde, ne le haïssant point, et sachant pardonner suivant les circonstances, vous sûtes mes fautes sans me mésestimer. Je vous parus un objet qui méritait de la compassion, et qui était coupable sans trop le savoir. Heureusement c'était aux délicatesses mêmes d'une passion que je devais l'envie de connaître la vertu. Je suis remplie de défauts, mais je respecte et j'aime la vertu… » Cette idée de vertu entra donc distinctement pour la première fois dans ce cœur qui était fait pour elle, qui y aspirait d'instinct, qui était malade de son absence, mais qui n'en avait encore rencontré jusque-là aucun vrai modèle. Cette pensée se trouve exprimée avec ingénuité, avec énergie, en maint endroit des lettres; elles suivirent de près le départ de Mme de Calandrini, à dater d'octobre 1726. Mlle Aïssé cause avec son amie de ses regrets d'être loin d'elle, du monde qu'elle a sous les yeux et qu'elle commence à trouver étrange, et aussi elle touche en passant l'état de ses propres sentimens et de ceux du chevalier; c'est un courant peu développé qui glisse d'abord et peu à peu grossit. Après bien des retards, bien des projets déjoués, il y a un voyage qu'elle fait à Genève; il y en a un à Sens où elle voit au couvent sa fille chérie. Sa santé décroît, ses scrupules de conscience augmentent, la passion du chevalier ne diminue pas; tout cela mène au triomphe des conseils austères et à une réconciliation chrétienne en vue de la mort, conclusion douce et haute, pleine de consolations et de larmes.

Ce qui fait le charme de ces lettres, c'est qu'elles sont toutes simples et naturelles, écrites avec abandon et une sincérité parfaite. « Il y règne un ton de mollesse et de grace, et cette vérité de sentiment si difficile à contrefaire (1). » Je ne les conseillerais pas à de beaux-esprits qui ne prisent que le compliqué, ni aux fastueux qui ne se dressent que pour de grandes choses; mais les bons esprits, *et qui connaissent les entrailles* (pour parler comme Aïssé elle-même), y trouveront leur compte, c'est-à-dire de l'agrément et une émotion saine. Voltaire, qui avait eu communication du manuscrit pendant son séjour en Suisse, écrivait à d'Argental (de Lausanne, 12 mars 1758) : « Mon cher ange, je viens de lire un volume de lettres de mademoiselle Aïssé, écrites à une madame Calandrin de Genève. Cette

---

(1) Article du *Mercure de France*, août 1788, page 181.

Circassienne était plus naïve qu'une Champenoise. Ce qui me plaît de ses lettres, c'est qu'elle vous aimait comme vous méritez d'être aimé. Elle parle souvent de vous comme j'en parle et comme j'en pense. » La naïveté de Mlle Aïssé n'était pourtant pas si champenoise que le malin veut bien le dire, ce n'était pas la naïveté d'Agnès; elle savait le mal, elle le voyait partout autour d'elle, elle se reprochait d'y avoir trempé; mais du moins sa nature généreuse et décente s'en détachait avec aversion, avec ressort. Elle commence par nous raconter des historiettes assez légères, les nouvelles des théâtres, les grandes luttes de la Pellissier et de la Le Maure, la chronique de la Comédie-Italienne et de l'Opéra (son ami d'Argental était très initié parmi ces demoiselles); puis viennent de menus tracas de société, les petits scandales, que la bonne Mme de Parabère a été quittée par M. le Premier (1), et qu'on lui donne déjà M. d'Alincourt. C'est une petite gazette courante, comme on en a trop peu en cette première partie du siècle. Mais que de certains éclats surviennent et réveillent en elle une surprise dont elle ne se croyait plus capable, comme le ton s'élève alors! comme un accent indigné échappe! « A propos, il y a une vilaine affaire qui fait dresser

---

(1) Le premier écuyer, M. de Beringhen.

les cheveux à la tête : elle est trop infame pour l'écrire; mais tout ce qui arrive dans cette monarchie annonce bien sa destruction. Que vous êtes sages, vous autres, de maintenir les lois et d'être sévères ! il s'ensuit de là l'innocence. » N'en déplaise à Voltaire, cette petite Champenoise a des pronostics perçans; et ceci encore, à propos d'un revers de fortune qu'avait éprouvé Mme de Calandrini : « Quelque grands que soient les malheurs du hasard, ceux qu'on s'attire sont cent fois plus cruels. Trouvez-vous qu'une religieuse défroquée, qu'un cadet cardinal, soient heureux, comblés de richesses? Ils changeraient bien leur prétendu bonheur contre vos infortunes. »

Un trait bien honorable pour Mlle Aïssé, c'est l'antipathie violente et comme instinctive qu'elle inspirait à Mme de Tencin. Je ne veux pas faire de morale exagérée; c'est la mode aujourd'hui de parler légèrement des femmes du xviiie siècle; j'en pense tout bas bien moins de mal qu'on n'en dit. Tant qu'elles furent jeunes, je les livre à vos anathèmes, elles ont fait assez pour les mériter; mais, une fois qu'elles avaient passé quarante ans, ces personnes-là avaient toute leur valeur d'expérience, de raison, de tact social accompli; elles avaient de la bonté même et des amitiés solides, bien qu'elles sussent à fond leur La Bruyère. Mme de Parabère, une des plus compromises de ces femmes de la Régence, joue un rôle charmant dans les lettres d'Aïssé, et, comme dit celle-ci, « elle a pour moi des façons touchantes. » C'est elle et Mme du Deffand qui, lorsque la malade désire un confesseur, se chargent de lui en trouver un, car il faut avant tout se cacher de Mme de Ferriol qui est entichée de molinisme, et qui aime mieux qu'on meure sans confession que de ne pas en passer par la Bulle. Mme du Deffand indique le père Boursault, Mme de Parabère prête son carrosse pour l'envoyer chercher, et elle a soin pendant ce temps d'emmener hors du logis Mme de Ferriol. Il a dû être beaucoup pardonné à Mme de Parabère pour cette conduite tendre, dévouée, compatissante, pour cette œuvre de Samaritaine; mais Mme de Tencin, c'est autre chose, et je suis un peu de l'avis de cet amant qui se tua chez elle dans sa chambre, et qui par testament la dénonça au monde comme une scélérate. Cupide, rapace, intrigante, elle détestait en Mlle Aïssé un témoin modeste et silencieux; la vue seule de cette créature d'élite, et douée d'un sens moral droit, lui était comme un reproche; elle cherchait à se venger par des affronts, elle lui faisait fermer sa porte; chez sa sœur, elle prenait ses précautions pour ne la point rencontrer. Ennemie naturelle du chevalier, par cela même qu'elle l'est de sa noble amie, elle leur invente des torts, ils n'en ont d'autre que de la pénétrer et de la juger. Le cardinal, tout dépravé qu'il est, vaut mieux; il évite les tracasseries inutiles, il a des attentions et des complaisances pour Aïssé. Quelques passages des Lettres le donnent à connaître pour un de ces hommes qui (tel que nous avons vu Fouché) ne font pas du moins le mal quand il ne leur est d'aucun profit. et qui de près se font pardonner leurs vices par une certaine facilité et indulgence (1).

Mme du Deffand, malgré le beau rôle de confidente qu'elle partage avec Mme de Parabère et les louanges reconnaissantes de la fin, est jugée sévèrement dans cette correspondance d'Aïssé; rien ne peut compenser l'effet de la lettre XVI, où se trouve racontée cette étrange histoire du raccommodement

---

(1) Les lettres qu'on a publiées de Mme de Tencin au duc de Richelieu ne sont pas faites pour diminuer l'idée qu'on a de son ambition effrénée et de ses manéges, mais elles sont propres à donner une assez grande idée de la fermeté de son esprit. Le caractère apathique et *nul* de Louis XV ne paraît jamais plus méprisable que lorsqu'il lui mérite le mépris de Mme de Tencin. Parlant du relâchement et de l'anarchie croissante au sein du pouvoir, elle prédit la ruine aussi nettement qu'Aïssé l'a fait tout à l'heure : « A moins que Dieu n'y mette visiblement la main, il est physiquement impossible que l'État ne culbute. » (Lettre de Mme de Tencin au duc de Richelieu. du 18 novembre 1743.)

de la dame avec son mari, cette reprise de six semaines, puis le dégoût, l'ennui, le départ forcé du pauvre homme, et l'inconséquente délaissée qui demeure à la fois sans mari et sans amant. Toute cette avant-scène de la vie de Mme du Deffand serait restée inconnue sans le récit d'Aïssé. Je sais quelqu'un qui a écrit : « Ce qu'était l'abîme qu'on disait que Pascal voyait toujours près de lui, *l'ennui* l'était à Mme du Deffand; *la crainte de l'ennui* était son abîme à elle, que son imagination voyait constamment et contre lequel elle cherchait des préservatifs et, comme elle disait, *des parapets* dans la présence des personnes qui la pouvaient désennuyer. » Jamais on n'a mieux compris cet effrayant empire de l'ennui sur un esprit bien fait, que le jour où, malgré les plus belles résolutions du monde, l'ennui que lui cause son mari se peint si en plein sur sa figure, — où, sans le brusquer, sans lui faire querelle, elle a un air si naturellement triste et désespéré, que l'ennuyeux lui-même n'y tient pas et prend le parti de déguerpir. Mme du Deffand, on l'apprend aussi par là, eut beaucoup à faire pour réparer, pour regagner la considération qu'elle avait su perdre, même dans ce monde si peu rebelle. Elle y travailla, elle y réussit complétement avec les années; dix ou douze ans après cette vilaine aventure, elle avait la meilleure maison de Paris, la compagnie la plus choisie, les amis les plus illustres, les plus délicats ou les plus austères, Hénault, Montesquieu, d'Alembert lui-même. Plus les yeux qu'elle avait eus si beaux se fermèrent, et plus son règne s'assura. On le conçoit même aujourd'hui encore quand on la lit. Toute cette justesse, cet à-propos de raison, cette netteté d'imagination qu'elle n'avait pas su garder dans sa conduite, elle l'eut dans sa parole; et, du moment qu'elle ne quitta guère son fauteuil, tout fut bien (1).

(1) Le genre de précision dans le bien-dire, que je trouve chez Mme du Deffand et chez les femmes d'esprit de la première moitié du xviiie siècle, me semble ne pouvoir être mieux défini en général que par ce que Mlle De Launay dit de la duchesse du Maine : « Personne, dit-elle, n'a jamais parlé avec plus de justesse, de netteté et de rapidité, ni d'une manière plus noble et plus naturelle. Son esprit n'emploie ni tours ni figures, ni rien de tout ce qui s'appelle invention. Frappé vivement des objets, il les rend comme la glace d'un miroir les réfléchit, sans ajouter, sans omettre, sans rien changer. » Voilà l'idéal primitif du bien-dire parmi les femmes du xviiie siècle, au moment où elles se détachent du pur genre de Louis XIV. Il y a eu des variations sans doute, des degrés et des nuances, mais on a le type et le fond. Mme du Deffand portait plus de feu, plus d'imagination dans le propos; pourtant chez elle, comme chez Mlle De Launay, comme chez d'autres encore, ce qui frappe avant tout, c'est le tour précis, l'observation rigoureuse, la perfection juste, ni plus ni moins. L'écueil est un peu de sécheresse.

Mais ce qui intéresse avant tout dans ce petit volume, c'est Aïssé elle-même et son tendre chevalier; la noble et discrète personne suit tout d'abord, en parlant d'elle et de ses sentimens, la règle qu'elle a posée en parlant du jeu de certaine *prima donna*: « Il me semble que, dans le rôle d'amoureuse, quelque violente que soit la situation, la modestie et la retenue sont choses nécessaires; toute passion doit être dans les inflexions de la voix et dans les accens. Il faut laisser aux hommes et aux magiciens les gestes violens et hors de mesure; une jeune princesse doit être plus modeste. Voilà mes réflexions. » L'aimable princesse circassienne fait de la sorte en ce qui la touche, sans trop s'en douter; elle se contient, elle se diminue plutôt. A la manière dont elle parle d'elle et de sa personne, on serait par momens tenté de lui croire des charmes médiocres et de chétifs agrémens. Écoutez-la, elle prend *de la limaille*, elle est *maigre*; à force d'aller à la chasse aux petits oiseaux dans ses voyages d'Ablon, elle est hâlée et *noire comme un corbeau*. Peu s'en faut qu'elle ne dise d'elle comme la spirituelle Mlle De Launay en commençant son portrait : « De Launay est maigre, sèche et désagréable... » Oh! non pas! et n'allez pas vous fier à ces façons de dire, encore moins pour l'aimable Aïssé; elle était quelque chose de léger, de ravissant, de tout fait pour prendre les cœurs; ses portraits le disent, la voix des contemporains l'atteste, et le sans-façon même dont elle accommode ses diminutions de santé ressemble à une grâce (1).

Au moral on la connaît déjà; de ce qu'elle a des scrupules, de ce que des considérations de vertu et de devoir la tourmentent, ne pensez pas qu'elle soit difficile à vivre pour ceux qui l'aiment; on sent, à des traits légèrement touchés, de quel enchantement devait être ce commerce habituel pour le mortel unique qu'elle s'était choisi; ainsi dans cette lettre XVIe (celle même où il était question de Mme du Deffand) : « J'ai lieu d'être très contente du chevalier; il a la même tendresse et les mêmes craintes de me perdre. Je ne mésuse point de son attachement. C'est un mouvement naturel chez les hommes de se prévaloir de la faiblesse des autres : je ne saurais me servir de cette sorte d'art; je ne connais que celui de rendre la vie si douce à ce que j'aime, qu'il ne trouve rien de préférable; je veux le retenir à moi par la seule douceur de vivre avec

---

(1) Ce négligé qui se retrouve dans son langage et sous sa plume la distingue encore des autres femmes d'esprit du moment, dont le style, avec tant de qualités parfaites de netteté et de précision, ne se sauvait pas de quelque sécheresse. Le tour d'Aïssé a gardé davantage du XVIIe siècle; elle court, elle voltige, elle n'appuie pas.

moi. Ce projet le rend aimable; je le vois si content, que toute son ambition est de passer sa vie de même (1). » Elle ne le voyait pas toujours aussi souvent qu'ils auraient voulu. Sa santé, à lui aussi, devenait parfois une inquiétude, et sa poitrine délicate alarmait. Ses affaires le forçaient à des voyages en Périgord; son service, comme officier des gardes, le retenait à Versailles près du roi; il accourait dès qu'il avait une heure, et surprenait bien agréablement, jouissant du bonheur visible qu'il causait. Le joli chien *Patie*, comme s'il comprenait la pensée de sa maîtresse, se tenait toujours en sentinelle à la porte pour attendre les gens du chevalier. — Cependant Aïssé était une de ces natures qui n'ont besoin que d'être laissées à elles-mêmes pour se purifier : elle allait toute seule dans le sens des conseils de Mme de Calandrini. Le chevalier, dans son dévouement, n'y résistait pas. Sans partager les vues religieuses de son amie, et pensant au fond comme son siècle, il consentait à tout, il se résignait d'avance à tous les termes où l'on jugerait bon de le réduire, pourvu qu'il gardât sa place dans le cœur de sa chère *Sylvie*, c'est ainsi qu'il la nom-

---

(1) C'est le même sentiment, le même vœu enchanteur, à jamais consacré par Virgile :

..... Hic ipso tecum consumerer ævo!

mait. La *pauvre petite*, placée au couvent de Sens, faisait désormais leur nœud innocent, leur principal devoir à tous deux; ils se consacraient à lui ménager un avenir. Tout ce qu'on racontait de cet enfant était merveille, tellement qu'il n'y avait pas moyen de se repentir de sa naissance. Lors de la visite qu'Aïssé lui fit à son retour de Bourgogne, dans l'automne de 1729, on trouve de délicieux témoignages d'une tendresse à demi étouffée, le cri des entrailles de celle qui n'ose paraître mère. Enfin les tristes années arrivent, les heures du mal croissant et de la séparation suprême. Le chevalier ne se dément pas un moment; ce sont des inquiétudes si vraies, des agitations si touchantes, *que cela fait venir les larmes aux yeux à tous ceux qui en sont témoins*. Moins il espère désormais, et plus il donne; à celle qui voudrait le modérer et qui trouve encore un sourire pour lui dire que c'est trop, il semble répondre comme dans *Adélaïde du Guesclin*:

C'est moi qui te dois tout, puisque c'est moi qui t'aime!

« Il faut pourtant que je vous dise que rien n'approche de l'état de douleur et de crainte où l'on est : cela vous ferait pitié; tout le monde en est si touché, que l'on n'est occupé qu'à le rassurer. Il croit qu'à force de libéralités, il rachètera ma vie; il donne à toute la maison, jusqu'à ma vache, à qui il a acheté du foin; il donne à l'un de quoi faire apprendre un métier à son enfant; à l'autre, pour avoir des palatines et des rubans, à tout ce qui se rencontre et se présente devant lui : cela vise quasi à la folie. Quand je lui ai demandé à quoi tout cela était bon, il m'a répondu : « A obliger tout ce qui vous environne à avoir soin de vous. » — C'est assez repasser sur ce que tout le monde a pu lire dans les lettres mêmes. Mlle Aïssé mourut le 13 mars 1733; elle fut inhumée à Saint-Roch, dans le caveau de la famille Ferriol. Elle approchait de l'âge de quarante ans (1).

La fidèle Sophie, qui est aussi essentielle dans l'histoire de sa maîtresse que l'est la bonne Rondel dans celle de Mlle De Launay, ne tarda pas, pour la mieux pleurer, à entrer dans un couvent.

---

(1) Nous voulons pourtant rappeler ici en note (ne trouvant pas moyen de le faire autrement) que, dans cette dernière maladie (1732), Voltaire avait envoyé à Mlle Aïssé un *ratafia pour l'estomac*, accompagné d'un quatrain galant qui s'est conservé dans ses œuvres. De loin (ô vanité de la douleur même!), tout cela s'ajoute, se mêle, l'angoisse unique et déchirante, l'intérêt aimable et léger, un trait gracieux de bel-esprit célèbre, et un cœur d'amant qui se brise. Même pour ceux qui ne restent pas indifférens, c'est devoir, dans cet inventaire final, de tenir compte de tout. — Voir ci-après les notes (H) et (I).

Mais le chevalier! sa douleur fut ce qu'on peut imaginer; il se consacra tout entier à cette tendre mémoire et à la jeune enfant qui désormais la faisait revivre à ses yeux. Dès qu'elle fut en âge, il la retira du couvent de Sens, il l'adopta ouvertement pour sa fille, la dota et la maria (1740) à un bon gentilhomme de sa province, le vicomte de Nanthia (J). « Ma mère m'a souvent raconté, écrit M. de Sainte-Aulaire (1), que, lors de l'arrivée en Périgord du chevalier d'Aydie avec sa fille, l'admiration fut générale; il la présenta à sa famille, et, suivant la coutume du temps, il allait chevauchant avec elle de château en château; leur cortége grossissait chaque jour, parce que la fille d'Aïssé emmenait à sa suite et les hôtes de la maison qu'elle quittait, et tous les convives qu'elle y avait rencontrés. » Ainsi allait, héritière des graces de sa mère, cette jeune reine des cœurs. Nous retrouvons le chevalier à Paris l'année suivante (décembre 1741), adressant à sa *chère petite*, comme il l'appelle, toutes sortes de recommandations sur sa prochaine maternité (K), et il ajoutait : « M. de Boisseuil, qui doit retourner en Périgord au mois de janvier, m'a promis de se charger du portrait de votre mère. Je ne

---

(1) Dans la notice manuscrite sur le chevalier d'Aydie, dont nous lui devons communication.

doute pas qu'il ne vous fasse grand plaisir. Vous verrez les traits de son visage; que ne peut-on de même peindre les qualités de son ame!» Cependant, l'âge venant, pour ne plus quitter sa fille, il dit adieu à Paris et se fixa au château de Mayac, chez sa sœur la marquise d'Absac. Vingt années déjà s'étaient écoulées depuis la perte irréparable. Les lettres qu'on a de lui, écrites à Mme du Deffand (1753-1754), nous le montrent établi dans la vie domestique, à la fois fidèle et consolé. La main souveraine du temps apaise ceux même qu'elle ne parvient point à glacer. C'est bien au fond le même homme encore, non plus du tout brillant, devenu un peu brusque, un peu marqué d'humeur, mais bon, affectueux, tout aux siens et à ses amis, c'est le même cœur : « Car vous qui devez me connaître, vous savez bien, madame, que personne ne m'a jamais aimé que je ne le lui aie bien rendu. » Que fait-il à Mayac? il mène la vie de campagne, surtout il ne lit guère : « Le brave Julien, dit-il, m'a totalement abandonné : il ne m'envoie ni livres, ni nouvelles, et il faut avouer qu'il me traite assez comme je le mérite, car je ne lis aujourd'hui que comme d'Ussé, qui disait qu'il n'avait le temps de lire que pendant que son laquais attachait les boucles de ses souliers. J'ai vraiment bien mieux à faire, madame; je chasse, je joue, je me divertis du matin jusqu'au soir avec mes frères et nos enfans, et je vous avouerai tout naïvement que je n'ai jamais été plus heureux, et dans une compagnie qui me plaise davantage. » Il a toutefois des regrets pour celle de Paris, il envoie de loin en loin des retours de pensée à mesdames de Mirepoix et du Châtel, aux présidents Hénault et de Montesquieu, à Formont, à d'Alembert : « J'enrage, écrit-il (à Mme du Deffand toujours), d'être à cent lieues de vous, car je n'ai ni l'ambition ni la vanité de César : j'aime mieux être le dernier, et seulement souffert dans la plus excellente compagnie, que d'être le premier et le plus considéré dans la mauvaise, et même dans la commune; mais, si je n'ose dire que je suis ici dans le premier cas, je puis au moins vous assurer que je ne suis pas dans le second : j'y trouve avec qui parler, rire et raisonner autant et plus que ne s'étendent les pauvres facultés de mon entendement, et l'exercice que je prétends lui donner. » Ces regrets, on le sent bien, sont sincères, mais tempérés; il n'a pas honte d'être provincial et de s'enfoncer de plus en plus dans la vie obscure : il envoie à Mme du Deffand des pâtés de Périgord, il en mange lui-même (1); il va à la

---

(1) Voir, dans le premier des deux volumes déjà indiqués (*Correspondance* de Mme du Deffand, 1809), pages 334 et 347,

chasse malgré son asthme; il a des procès; quand ce ne sont pas les siens, ce sont ceux de ses frères et de sa famille. Ainsi s'use la vie; ainsi finissent, quand ils ne meurent pas le jour d'avant la quarantaine, les meilleurs même des chevaliers et des amans.

Il mourut non pas en 1758, comme le disent les biographies, mais bien deux ans plus tard. Un mot d'une lettre de Voltaire à d'Argental, qu'on range à la date du 2 février 1761, indique que sa mort

des passages de lettres du comte Desalleurs, ambassadeur à Constantinople; en envoyant ses amitiés au chevalier, il le peint très bien et nous le rend en quelques traits dans sa seconde forme non romanesque, qui ne laisse pas d'être piquante et de rester très aimable. — Il ne faudrait pas d'ailleurs prendre tout-à-fait au mot le chevalier (on nous en avertit) sur cette vie de Mayac et sur le bon marché qu'il a l'air d'en faire. Le château de Mayac était, durant les mois d'été, le rendez-vous de la haute noblesse de la province et de très grands seigneurs de la cour; on y venait même de Versailles en poste, et la vie était loin d'y être aussi simple que le dit le chevalier. Notre vénérable et agréable confrère, M. de Féletz, nous apprend là-dessus des choses intéressantes qui sont pour lui des souvenirs. Jeune, partant pour Paris en 1784, il fut conduit par son père à Mayac, où vivait encore l'abbé d'Aydie, frère du chevalier, et plus qu'octogénaire; il reçut du spirituel vieillard des conseils. Un jeune homme de qualité ne quittait point, en ce temps-là, le Périgord sans avoir été présenté à Mayac; c'était le petit Versailles de la province. — Voir ci-après la note (L.)

n'eut lieu en effet que sur la fin de 1760. Voltaire parle avec sa vivacité ordinaire des calomniateurs et des délateurs qu'il faut pourchasser, et il ajoute en courant : « Le chevalier d'Aydie vient de mourir en revenant de la chasse : on mourra volontiers après avoir tiré sur les bêtes puantes. » C'est ainsi que la mort toute fraîche d'un ami, ou, si c'est trop dire, d'une connaissance si anciennement appréciée, de celui qu'on avait comparé une fois à Couci, ne vient là que pour servir de trait à la petite passion du moment. Celui qui vit ne voit qu'un prétexte et qu'un à-propos d'esprit dans celui qui meurt (M).

Cependant la postérité féminine d'Aïssé prospérait en beauté et en grace; je ne sais quel signe de la fine race circassienne continuait de se transmettre et de se refléter à de jeunes fronts. Mme de Nanthia n'eut qu'une fille unique qui fut mariée au comte de Bonneval, de l'une des premières familles du Limousin (N); mais ici la tige discrète, qui n'avait par deux fois porté qu'une fleur, sembla s'enhardir et se multiplia. Il s'était glissé dans mon premier travail une bien grave erreur que je suis trop heureux de pouvoir réparer : j'avais dit que la race d'Aïssé était éteinte, elle ne l'est pas. Deux filles et un fils issus de Mme de Bonneval, à savoir, la vicomtesse d'Absac, la comtesse de Calignon

et le marquis de Bonneval, qu'on appelait *le beau Bonneval* à la cour de Berlin pendant l'émigration, continuèrent les traditions d'une famille en qui les dons de la grace et de l'esprit sont reconnus comme héréditaires; la vicomtesse d'Absac fut la seule qui mourut sans enfants, et les autres branches n'ont pas cessé de fleurir. Mme d'Absac (O), au rapport de tous, était une merveille de beauté. Parlant d'elle et de sa mère, ainsi que de son aïeule, un témoin bien bon juge des élégances, M. de Sainte-Aulaire, nous dit : « Un de mes souvenirs d'enfance les plus
« vifs, c'est d'avoir vu ces trois dames ensemble :
« les deux dernières (Mmes d'Absac et de Bonneval),
« dans tout l'éclat de leur beauté, semblaient être
« des sœurs, et Mme de Nanthia, malgré son âge de
« plus de soixante ans, ne déparait pas le groupe. »
Un autre témoin bien digne d'être écouté, une femme qui se rattache à ces souvenirs d'enfance par la mémoire du cœur, nous dit encore : « Mme de
« Nanthia était très belle, fort spirituelle et d'un as-
« pect très fier. Sa fille, la marquise de Bonneval,
« qui n'était que jolie, était l'une des femmes les plus
« délicieuses de son temps. Sa grace était incompa-
« rable; à soixante-dix ans, elle en mettait encore
« dans ses moindres actions, dans ses moindres pa-
« roles. Elle contait à ravir, et sa conversation était
« si attrayante, son esprit si charmant, que je quittais

« tous les jeux de mon âge pour l'aller entendre
« quand elle venait chez ma mère. Quoique j'aie bien
« peu de mémoire, j'ai encore sous mes yeux ce type
« de femme aussi présent que si je l'avais quittée
« hier. Je l'ai cherché partout depuis, mais sans ja-
« mais le retrouver. Elle était à la fois si majestueuse
« et si affable, si bonne et si gracieuse à tous!...
« Aussi, petits et grands, tous l'adoraient. Mlle Aïssé
« devait lui ressembler. Mme de Calignon était peut-
« être plus capable de dévouement, car sa nature
« était plus exaltée. Elle avait autant d'esprit, beau-
« coup plus d'instruction, des qualités aussi solides.
« C'était aussi une *très grande dame dans toute sa per-*
« *sonne.* Dans toute autre famille elle eût passé pour
« fort jolie, et je l'ai vue encore charmante. Mais ce
« n'était plus ce *je ne sais quoi* de sa mère, qui capti-
« vait au premier instant et gagnait aussitôt les
« cœurs. Elle avait traversé la révolution encore fort
« jeune; elle était moins femme de cour. Mme d'Absac,
« sa sœur aînée, morte à quarante ans, dans notre
« petit Saint-Yrieix, vers l'époque, je crois, du Con-
« sulat, était d'une si prodigieuse beauté, que bien
« peu de temps avant sa mort, alors qu'elle était hy-
« dropique, on s'arrêtait pour l'admirer lorsqu'on
« pouvait l'apercevoir. Je n'ai vu d'elle que ses por-
« traits : c'est l'idéal de la beauté. » Voilà une partie
des réparations que je devais à la vérité; j'en ai d'au-

tres à faire encore au sujet du portrait et des sentimens. « Jamais, me dit le même témoin si bien
« informé, jamais la famille de Bonneval n'a renié
« Mlle Aïssé... En recueillant mes souvenirs d'en-
« fance, je reste persuadée que sa mémoire était
« chère à sa petite-fille. Ce fut elle qui prêta ses Lettres
« à mon père, et son portrait, bien loin d'être relégué
« au *grenier*, resta dans le salon ou la galerie de
« Bonneval, jusqu'au moment où cette belle terre fut
« vendue à un parent d'une autre branche. Celui-
« ci se réserva les portraits des ancêtres, et les plus
« notables de la branche aînée; il eut celui du Pa-
« cha, celui même de Marguerite de Foix, grande
« alliance royale des Bonneval au xve siècle, tan-
« dis que la belle Aïssé, moins historique, suivit son
« arrière-petit-fils à Guéret où elle était, je pense,
« bien affligée de se trouver. » Si de Guéret le portrait passa depuis à la campagne, ce fut pour être
placé, non dans un salon, il est vrai, mais dans
une chambre à coucher avec d'autres tableaux précieux. Je pourrais ajouter plus d'une particularité
encore, toujours dans le même sens, notamment le
témoignage que je reçois de M. Tenant de Latour,
père de notre ami le poète Antoine de Latour :
jeune, à l'occasion du portrait, il eut une longue
conversation sur Mlle Aïssé avec Mme de Calignon,
qui s'y prêta d'elle-même. Enfin les lettres de la

marquise de Créquy que nous donnons au public pour la première fois, et dont nous devons communication à la parfaite obligeance de la famille de Bonneval, prouvent assez que Mme de Nanthia ne répugnait point au souvenir de sa mère, et que son cœur s'ouvrait sans effort pour s'entretenir d'elle avec les personnes qui l'avaient connue.

Cela dit, et cette justice rendue à une noble et gracieuse descendance au profit de laquelle nous sommes heureux de nous trouver en partie déshérités, on nous accordera pourtant d'oser maintenir et de répéter ici notre conclusion première; car, comme l'a dit dès long-temps le Poète, à quoi bon tant questionner sur la race? « Telle est la génération des feuilles dans les forêts, telle aussi celle des mortels. Parmi les feuilles, le vent verse les unes à terre, et la forêt verdoyante fait pousser les autres sitôt que revient la saison du printemps : c'est ainsi que les races des hommes tantôt fleurissent, et tantôt finissent (1). » Tenons-nous à ce qui ne meurt pas.

Il en est des amans comme des poètes, ils ont surtout une famille, tous ceux qui, venus après eux,

---

(1) *Iliade*, livre vi, 146. Ces admirables paroles d'Homère devraient s'inscrire comme devise en tête de toutes les généalogies.

les sentent, tous ceux qui, ne les jugeant qu'à leurs flammes, les envient. Le jeune homme à qui ses passions font trêve et donnent le goût de s'éprendre des douces histoires d'autrefois, la jeune femme dont ces fantômes adorés caressent les rêves, le sage dont ils reviennent charmer ou troubler les regrets, le studieux peut-être et le curieux que sa sensibilité aussi dirige, eux tous, sans oublier l'éditeur modeste, attentif à recueillir les vestiges et à réparer les moindres débris, voilà encore le cortége le plus véritable, voilà la postérité la plus assurée et non certes la moins légitime des poétiques amans. Elle n'a point manqué jusqu'ici à l'ombre aimable d'Aïssé, et chaque jour elle se perpétue en silence. Son petit volume est un de ceux qui ont leurs fidèles et qu'on relit de temps en temps, même avant de l'avoir oublié. C'est une de ces lectures que volontiers on conseille et l'on procure aux personnes qu'on aime, à tout ce qui est digne d'apprécier ce touchant mélange d'abandon et de pureté dans la tendresse, et de sentir le besoin d'une règle jusqu'au sein du bonheur.

Sainte-Beuve.

NOTES.

(A) Dans une lettre à M. Du Lignon, datée de Soleure, octobre 1712, Jean-Baptiste s'était justifié de l'imputation en ces termes : « .... Pour l'ode qu'on a eu la méchanceté d'appliquer à Mme de Ferriol, pour me brouiller avec la meilleure amie et la plus vertueuse femme en tout sens que je connoisse dans le monde, vous savez ce que j'ai eu l'honneur de vous écrire. Toutes les calomnies dont mes ennemis m'ont chargé ne m'ont point touché en comparaison de celle-là. Cette dame, à qui j'ai des obligations infinies, sait heureusement la vérité, et je n'ai rien perdu dans son estime. Quand je fis cette ode, je ne la connoissois pas, et elle ne connoissoit pas le maréchal d'Uxelles. Cette petite pièce a couru le monde plus de dix ans avant qu'on s'avisât d'en faire aucune application. C'est une galanterie imitée d'Horace, qui avoit rapport à une aventure où j'étois intéressé; et les personnages dont il y est question ne sont guère plus connus dans le monde que la Lydie et le Téléphe de l'original. Je l'avois fait imprimer, et j'en ai encore chez moi les feuilles, que je n'ai supprimées que depuis que j'ai su l'outrage qu'on faisoit, à l'occasion de cet ouvrage, aux deux personnes du monde que j'honore le plus. Il y a deux mille femmes dans Paris à qui elle pourroit être justement appliquée, et l'imposture a choisi celle du monde à qui elle convient le moins.» — Pour peu que ce qui concerne le sens de l'ode soit aussi exact et aussi vrai que ce qu'il dit de la *vertu* de Mme de Ferriol, on sera tenté de rabattre des assertions de Rousseau; mais peu nous importe! nous ne voulions que rappeler les bruits malins.

—

(B) Voici l'extrait de baptême, tel qu'il se trouve aux Archives de l'Hôtel-de-Ville de Paris:

SAINT-EUSTACHE.

(*Baptesmes.*)

« Du mardi 21ᵉ décembre 1700.

« Fut baptisé Charles-Augustin, né d'hier, fils de messire Augustin de *Ferriol,* escuyer, baron d'Argental, conseiller du Roy au Parlement de Metz, trésorier receveur général des finances du Dauphiné, et de dame Marie-

Angélique de *Tencin*, son espouse, demeurant rue des Fossez-Montmartre. Le parrain, messire Charles de *Ferriol*, chevalier, conseiller du Roy en ses conseils, ambassadeur de Sa Majesté à la Porte ottomane, représenté par Antoine de *Ferriol* (1), frère du présent baptisé : la marraine, dame Louise de *Buffevant*, femme de messire Antoine de *Tencin*, chevalier, conseiller du Roy en ses conseils, président à mortier au Parlement de Grenoble, cy-devant premier président du Sénat de Chambéry, représenté par damoiselle Charlotte *Haidée* (2), lesquels ont déclaré ne sçavoir signer.

« *Signé :* FERRIOL, J. VALLIN DE SÉRIGNAN. »

(C) Nous avons beaucoup interrogé les savans sur l'origine de ce nom. D'après le dernier et le plus précis renseignement que nous devons à M. Maury, de la Bibliothèque de l'Institut, *Haidé* est un nom circassien que portent souvent les femmes qui viennent de ce pays, et qu'on leur conserve en les vendant. C'est ainsi qu'il se trouve répandu en Turquie, sans être pour cela ni turc ni arabe; car il ne doit point se confondre avec le nom de femme *Aïsché*, dont la prononciation arabe est *Aïscha* (*Ayescha*). De ce nom circassien d'*Haidé*, dénaturé et

---

(1) C'est Pont-de-Veyle.
(2) Mlle Aïssé.

adouci selon la prononciation parisienne, ou aura fait *Aïssé*.

———

(D) Le nom de Grèce se mariait volontiers à celui d'Aïssé dans l'esprit des contemporains. Lorsque l'abbé Prévost publia l'*Histoire d'une Grecque moderne*, assez agréable roman où l'on voit une jeune Grecque, d'abord vouée au sérail, puis rachetée par un seigneur français qui en veut faire sa maîtresse, résister à l'amour de son libérateur, et n'être peut-être pas aussi insensible pour un autre que lui, on crut qu'il avait songé à notre héroïne. Mme de Staal (De Launay) écrivait à M. d'Héricourt : « J'ai commencé la Grecque à cause de ce que vous m'en dites : on croit en effet que Mlle Aïssé en a donné l'idée; mais cela est bien brodé, car elle n'avait que trois ou quatre ans quand on l'amena en France. »

Enfin voici des vers du temps *sur mademoiselle Aïssé*, à ce même titre de Grecque :

>Aïssé de la Grèce épuisa la beauté :
>   Elle a de la France emprunté
>Les charmes de l'esprit, de l'air et du langage.
>   Pour le cœur, je n'y comprends rien :
>   Dans quel lieu s'est-elle adressée?
>   Il n'en est plus comme le sien
>   Depuis l'Age d'or ou l'Astrée.

Ces vers sont placés à la fin des *Lettres* de Mlle Aïssé, dans la première édition de 1787. On les retrouve en deux endroits de la *nouvelle édition corrigée et augmentée du portrait de l'auteur* (Lausanne, J. Mourer, et Paris, La Grange, 1788) : d'abord au bas du portrait, puis à la fin du volume. Ici l'intitulé est :

Envoi à mademoiselle Aïssé, par monsieur le professeur Vernet, de Genève.

—

(E) « Haut et puissant seigneur, messire Charles de Ferriol, baron d'Argental, conseiller du Roi en tous ses conseils, ci-devant ambassadeur extraordinaire à la Porte ottomane, âgé d'environ 75 ans, décédé hier en son hôtel, rue Neuve-Saint-Augustin, en cette paroisse, a été inhumé en la cave de la chapelle de sa famille, en cette église, présens Antoine de Ferriol de Pont-de-Veyle, écuyer, conseiller, lecteur de la chambre du Roi, et Charles-Augustin de Ferriol d'Argental, écuyer, conseiller du Roi en son Parlement de Paris, ses deux neveux, demeurants dit hôtel, rue Neuve-Saint-Augustin, en cette paroisse.

« *Signé* : DE FERRIOL DE PONT-DE-VEYLE, DE FERRIOL D'ARGENTAL, BLONDEL DE GAGNY. »

(Extrait des Archives de l'état civil.)

L'acte est du 27 octobre 1722.

—

(F) Voulant de plus en plus m'assurer de cette absence essentielle de M. de Ferriol durant onze années consécutives, j'ai prié M. Mignet de vouloir bien la faire vérifier encore d'après les dépêches, et j'ai reçu la réponse suivante qui confirme pleinement nos premières conjectures et y apporte l'appui de plusieurs circonstances très importantes. On nous excusera de donner *in extenso* ces pièces tout-à-fait décisives.

« Il est certain que M. de Ferriol ne fit aucun voyage en France de 1699 à 1711, car sa correspondance avec la Cour est régulière. Pourtant elle présente deux interruptions; mais, loin qu'on puisse les attribuer à l'éloignement de l'ambassadeur, elles ne font au contraire que confirmer sa présence à Constantinople.

« La première, en 1703, est de trois mois. D'une part, elle est trop courte pour qu'à cette époque M. de Ferriol pût se rendre, dans cet intervalle, de Constantinople en France; d'autre part, elle est suffisamment expliquée par l'extrait suivant d'une lettre du Roi à M. de Ferriol :

« *Extrait d'une lettre de Louis XIV à M. de Ferriol.*

A Versailles, le 4 mai 1703.

« Monsieur de Feriol, les dernières lettres que j'ay re-
« çues de vous sont du 24 décembre de l'année dernière
« et du 28 janvier de cette année; je suis persuadé qu'il y
« en aura eu plusieurs de perdues, car il y a lieu de croire
« que vous m'auriez informé des changemens arrivés à
« la Porte (*la déposition et la mort violente du grand-vizir*)

« depuis votre lettre du mois de janvier. Je ne les ay ce-
« pendant appris que par les nouvelles d'Allemagne. On
« craignoit à Vienne le caractère entreprenant du dernier
« visir; son malheur a été regardé comme une nouvelle
« asseurance de la paix, et la continuation en a paru d'au-
« tant plus certaine qu'elle est l'ouvrage du nouveau vi-
« sir mis en sa place. »

« La seconde interruption dans la correspondance de
M. de Ferriol a lieu en 1709; elle est le résultat d'une
maladie dont l'ambassadeur indique lui-même la cause
et les détails dans la première lettre qu'il écrit à la suite
de cette maladie :

« *M. de Ferriol à M. le marquis de Torcy.*

A Péra, le 27 août 1709.

« Monsieur,

« J'avois résolu de me raporter au récit qui vous se-
« roit fait par M. le comte de Rassa que j'envoye en
« France, de la manière indigne dont j'ay été traité pen-
« dant ma maladie et ma prison; mais comme il s'agit
« de la suspression des actes injurieux à ma personne
« et au caractère dont j'ay l'honneur d'estre revêtu, vous
« me permettrés, monsieur, de vous informer le plus
« succinctement qu'il me sera possible de tout ce qui
« s'est passé dans cette malheureuse occasion.

« A la fin du mois de may dernier, je fus attaqué
« d'une espèce d'apoplexie dont la vapeur a occupé ma
« teste pendant quelques jours. Il n'y avoit qu'à se don-
« ner un peu de patience à attendre ma guérison; mais
« au lieu de prendre ce parti qui étoit le plus sage et le
« plus raisonnable, le chevalier Gesson, mon parent, par
« des veues d'intérest, et le sieur Belin, mon chancelier,
« pour s'aproprier toute l'autorité, avec quelques domes-
« tiques qui étoient bien aises de profiter du désordre,
« firent faire une consultation par quatre médecins sur
« ma maladie. Le lendemain, le sieur Belin, en qualité
« de chancelier, assembla la nation, les drogmans et
« quelques religieux, et fit signer une délibération par
« laquelle on me dépouilloit de mes fonctions pour en
« revêtir ledit sieur Belin, lequel, se voyant le maitre
« avec le chevalier Gesson, se saisirent de ma personne
« le 27e, me mirent en prison dans une chambre, chas-
« sèrent mes domestiques affectionnés, et s'emparèrent
« de mes papiers et de mes effects, ne me donnant la li-
« berté de voir personne que quelques religieux affidés.
« J'ay été dans ce triste estat plus d'un mois entier, d'où
« je crois que je ne serois pas sorti sans M. l'ambassa-
« deur d'Holande, lequel m'ayant rendu visite et m'ayant
« trouvé avec ma santé et mon esprit ordinaires, fit tant
« de bruit du traitement qu'on me faisoit, qu'il me fut
« permis, après l'attestation que j'eus des médecins du
« parfait rétablissement de ma santé, d'assembler la na-
« tion, laquelle, sollicitée par le sieur Belin, et pour se

« mettre à couvert du blâme de la première délibération
« qu'elle avoit signée, ne voulut jamais me reconnoître
« qu'après m'avoir forcé d'aprouver ladite délibération
« par un acte que je fus obligé de signer le 1er du mois
« d'aoust dernier, pour obtenir ma liberté et reprendre
« les fonctions d'ambassadeur.

« Comme ces deux délibérations et la première attes-
« tation des médecins sont des actes injurieux non-seu-
« lement à ma personne, mais encore à l'honneur du
« caractère dont je suis revêtu, je vous supplie très hum-
« blement, monsieur, d'avoir la bonté de faire ordonner
« par Sa Majesté qu'ils soient annulés et déchirés. A l'é-
« gard de la réparation qui m'est deüe, je me remets à
« ce qu'il plaira à Sa Majesté d'en ordonner. Les deux
« personnes dont j'ay le plus à me plaindre sont les sieurs
« Meinard, premier député de la nation, et le sieur Be-
« lin, mon chancelier : pour le chevalier Gesson, mon
« parent, je sauray bien le mettre à la raison.

« J'avois d'abord cru que le grand vesir estoit entré
« dans cette affaire; mais j'ay appris au contraire qu'il
« avoit détesté le procédé de la nation et de mes domes-
« tiques; et depuis que je suis rentré dans les fonctions
« d'ambassadeur, il ne m'a rien refusé de tout ce que
« je luy ay demandé, tant pour l'extraction des bleds que
« pour les autres affaires que j'ay eu à traiter avec luy;
« et s'il en avoit toujours usé de même, je n'aurois eu
« aucun lieu de m'en plaindre.

« J'ay fait une espèce de procès verbal sur tout ce qui
« s'est passé sur cette affaire, que j'ay jugé à propos d'a-

« dresser à mon frère de peur de vous fatiguer par une
« aussy longue et ennuyeuse lecture.

« Je suis, avec toute sorte d'attachement et de respect,

« Monsieur,

« Votre très humble et très obéissant serviteur.

« *Signé :* FERRIOL. »

Ainsi il résulte de ces pièces que, lorsque M. de Ferriol revint en France dans l'été de 1711, âgé de soixante-quatre ans, il avait été déjà atteint d'*apoplexie*, et assez gravement pour être réputé *fou* et interdit pendant quelque temps : son rappel s'ensuivit aussitôt. Même lorsqu'il fut guéri, il resta toujours un vieillard quelque peu singulier, ayant gardé de certains *tics* amoureux, mais, somme toute, de peu de conséquence.

—

(G) Nous donnerons, pour être complet, le texte même de cette lettre :

« *Aux auteurs du Journal de Paris.*

Paris, le 22 octobre 1787.

« MESSIEURS,

« Les *Lettres* de Mlle Aïssé, que vous annoncez dans votre journal du 15 de ce mois, ont donné lieu à quelques réflexions qu'il n'est pas inutile de communiquer au public. Il est trop souvent abusé par des recueils de lettres ou d'anecdotes que l'on altère sans scrupule; mais ces petites supercheries, bonnes pour amuser la malignité, ne sauraient être indifférentes à un lecteur honnête, surtout lorsqu'elles peuvent compromettre des personnages respectables et faire quelque tort aux auteurs dont on veut honorer la mémoire. Les Lettres de Mlle Aïssé se lisent avec plaisir; les personnes dont elle parle, les sociétés célèbres qu'elle rappelle à notre souvenir, sa sensibilité, ses malheurs causés par une passion violente et d'autant plus funeste qu'elle tue souvent ceux qui l'éprouvent sans intéresser à leur sort, tout cela, messieurs, devait sans doute exciter la curiosité de ceux qui aiment ces sortes d'ouvrages. Mais pourquoi l'éditeur de ces Lettres les a-t-il gâtées par de fausses anecdotes qui rendent Mlle Aïssé très-peu estimable? Pourquoi lui avoir fait tenir un langage qui contraste visiblement avec son caractère? A-t-elle pu penser de l'homme qui l'avait tirée du vil état d'esclave, et de la femme qui l'avait élevée, le mal que l'on trouve dans le recueil que l'on vient de publier? Non, messieurs, cela est impossible, et voici mes raisons: Mme de Ferriol servait de mère à Mlle Aïssé; elle avait mêlé son éducation à celle de ses enfans. Inquiète sur le sort de cette jeune étrangère, elle était sans cesse occupée du soin de faire son bonheur: de son côté, Mlle Aïssé, dont le cœur était aussi bon que sensible, avait pour M. et Mme de Ferriol les sentimens d'une fille tendre et respectueuse; sa conduite envers eux la leur rendait tous les jours plus chère : elle était bonne, simple, reconnaissante. Après cela, messieurs, comment ajouter foi à des Lettres où l'on voit Mlle Aïssé évidemment ingrate et méchante, et où l'on peint Mme de Ferriol, que tout le monde estimait, comme une femme capable de donner à sa fille d'adoption des conseils pernicieux, et de la sacrifier à sa vanité ou à son ambition?

« Je n'ajouterai, messieurs, qu'un mot pour répondre d'avance à ceux qui seraient tentés de douter des faits que je viens d'exposer : c'est que M. le comte d'Argental, dont le témoignage vaut une démonstration, et qui, comme l'on sait, a reçu dans son enfance la même éducation que Mlle Aïssé, m'a confirmé la vérité de tout ce que je viens de vous dire.

« *Signé* : VILLARS. »

(*Journal de Paris*, 28 novembre 1787, p. 1454.)

(H) A Mlle AÏSSÉ,

En lui envoyant du ratafia pour l'estomac.

1732.

Va, porte dans son sang la plus subtile flamme;
Change en désirs ardens la glace de son cœur;
Et qu'elle sente la chaleur
Du feu qui brûle dans mon ame!

Ces vers sont de Voltaire, selon Cideville.

(VOLTAIRE, éd. de M. Beuchot, XIV, 341.)

NOTES.

(I) *Extrait du Registre des actes de décès de la Paroisse de Saint-Roch, année 1733.*

Du 14 mars.

« Charlotte-Élisabeth Aïssé, fille, âgée d'environ quarante ans, décédée hier, rue Neuve-Saint-Augustin, en cette paroisse, a été inhumée en cette église dans la cave de la chapelle de Saint-Augustin appartenante à M. de Ferriol. Présents messire Antoine Ferriol de Pont-de-Veyle, lecteur ordinaire de la Chambre de Sa Majesté, messire Charles-Augustin Ferriol d'Argental, conseiller au parlement, demeurants tous deux dites rue et paroisse.

« *Signé* : FERRIOL DE PONT-DE-VEYLE, FERRIOL D'ARGENTAL, CONTRASTIN, vicaire. »

(J) Le contrat de mariage de Mlle Célénie Leblond avec le vicomte de Nanthia fut signé au château de Lanmary, le 16 octobre 1740. — Voici le passage de Saint-Allais qui spécifie les titres et qualités, ainsi que la descendance :

« Pierre de Jaubert, IIe du nom, chevalier, seigneur, vicomte de Nantiac (1), etc., qualifié haut et puissant seigneur, est mort en 17.., laissant de dame Célénie le Blond, son épouse, une fille unique, qui suit :

« Marie-Denise de Jaubert épousa, par contrat du

---

(1) Quoiqu'on écrive communément *Nantia* ou *Nanthia*, on a adopté ici l'orthographe *Nantiac*, comme se rapprochant davantage du mot latin *de Nantiaco*.

12 mars 1760, haut et puissant seigneur messire André, comte de Bonneval, chevalier, seigneur de Langle, devenu depuis seigneur de Bonneval, Blanchefort, Pantenie, etc., lieutenant-colonel du régiment de Poitou, ensuite colonel du régiment des grenadiers royaux, et maréchal des camps et armées du Roi... »

(SAINT-ALLAIS, *Nobiliaire universel de France*, XVII, 402.)

(K) Voici la lettre tout entière, et vraiment *maternelle*, du Chevalier à Mᵐᵉ de Nanthia; elle est inédite et nous a été communiquée par la famille de Bonneval :

« Je souhaite, mon enfant, que vous soyez heureusement arrivée chez vous; je crois que vous ferez prudemment de n'en plus bouger jusqu'à vos couches, et, quoique le terme qu'il faudra prendre après pour vous bien rétablir doive vous paraître long, je vous conseille et vous prie, ma petite, de ne pas l'abréger. Toute impatience, toute négligence en pareil cas est déplacée et peut avoir des conséquences très-fâcheuses, au lieu que, si vous vous conduisez bien dans vos couches, non seulement elles ne nuiront pas à votre santé, mais au contraire vous en deviendrez plus forte et plus saine.

« M. de Boisseuil, qui doit retourner en Périgord au mois de janvier, m'a promis de se charger du portrait de votre mère; je ne doute pas qu'il ne vous fasse grand plaisir. Vous verrez les traits de son visage; que ne peut-on de même peindre les qualités de son ame! Le tendre souvenir que j'en conserve doit vous être un sûr garant que je vous aimerai, ma chère petite, toute ma vie.

« Mille amitiés à Mr de Nanthiac.

« Le Bailli de Froullay me charge toujours de vous faire mille complimens de sa part.

« J'ai reçu hier des nouvelles de Mme de Bolingbroke ; elle m'en demande des vôtres. Mme de Villette se porte un peu mieux.

« A Paris, ce 15 décembre 1741. »

(L) Nous ne saurions donner une plus juste idée de cette grande existence de Mayac dans son mélange d'opulence et de bonhomie antique qu'en citant la page suivante empruntée à la Notice manuscrite de M. de Sainte-Aulaire : « Après la mort du chevalier, y est-il dit, l'abbé d'Aydie, son frère, continua à résider dans ce château où se réunissait l'élite de la bonne compagnie de la province. L'habitation n'était cependant ni spacieuse ni magnifique, et la fortune du marquis d'Abzac, seigneur de Mayac, n'était pas très-considérable ; mais les bénéfices de l'abbé, qui ne montaient pas à moins de 40,000 livres, passaient dans la maison, et d'ailleurs nos pères en ce temps-là exerçaient une large hospitalité à peu de frais. Mes parens m'ont souvent raconté des détails curieux sur ces anciennes mœurs. Il n'était pas rare de voir arriver à l'heure du dîner douze ou quinze convives non attendus. Les hommes et les jeunes femmes venaient à cheval, chacun suivi de deux ou trois domestiques. Les gens âgés venaient en litière, les chemins ne comportant pas l'usage de la voiture. Les provisions de bouche étaient faites en vue de ces éventualités, et la cuisine de Mayac était renommée; mais la place manquait pour loger et coucher convenablement tous ces hôtes. Les hommes s'entassaient dans les salons, dans les corridors; les femmes couchaient plusieurs dans la même chambre et dans le même lit. Ma mère, qui avait été élevée en Bretagne où les coutumes étaient différentes, fut fort surprise lors de ses premières visites à Mayac. La comtesse d'Abzac (née Custine) qui faisait les honneurs lui dit : « Ma chère cousine, je te retiens pour coucher avec moi. » Quelques instans après Mlle de Bouillien dit aussi à ma mère : « Ma chère cousine, nous coucherons ensemble. »—« Je ne peux pas, répondit ma mère, je couche avec la comtesse d'Abzac. »—« Mais et moi aussi, » reprit Mlle de Bouillien.—Ces trois dames couchèrent ensemble dans un lit médiocrement large, et pour faire honneur à ma mère on la mit au milieu. Ces habitudes subsistèrent à Mayac jusqu'en 1790. L'abbé d'Aydie se retira alors à Périgueux avec sa nièce Mme de Montcheuil, dans une jolie maison que celle-ci a laissée depuis à MM. d'Abzac de La Douze; il était presque centenaire, et on put lui cacher les désastres qui signalèrent les premières années de la Révolution.» Mme de Montcheuil y mit un soin ingénieux, et elle masqua les pertes de son oncle avec sa propre fortune. L'abbé d'Aydie ne mourut qu'en 1792.

(M) La lettre suivante (inédite) de la marquise de Créqui à Jean-Jacques Rousseau vient confirmer, s'il en était besoin, celle de Voltaire à l'endroit de la date dont il s'agit :

« Ce jeudi (janvier 1761).

« On ne peut être plus sensible à l'attention et au souvenir de l'éditeur; mais on ne peut être moins disposée à récréer son esprit. Notre cher chevalier d'Aydie est mort en Périgord. Nous avions reçu de ses nouvelles le samedi et le mercredi, il y a huit jours. Son frère manda cet événement à mon oncle (1) sans nulle préparation. Mon oncle, écrasé, me fila notre malheur une demi-heure, et s'enferma. Lundi, la fièvre lui prit, avec trois frissons en vingt-quatre heures et tous les accidens. Jugez de mon état. Enfin une sueur effroyable a éteint la fièvre sans secours ; mais il a eu cette nuit un peu d'agitation. Je suis comme un aveugle qui n'a plus son bâton.

« Je remets à un temps plus heureux à vous remercier et à vous parler de vous : car, aujourd'hui, je n'ai que moi en tête. »

C'est J.-J. Rousseau qui a mis à la suite des mots *ce jeudi* ceux que l'on trouve ici entre parenthèses. Il est évident, d'ailleurs, que la lettre est de 1761, puisque c'est en cette année que furent publiées les Lettres de *Julie* dont Rousseau ne se donnait que comme simple *éditeur*. Le chevalier d'Aydie mourut donc dans les derniers jours de 1760, ou, au plus tard, dans les premiers de 1761.

(1) Le bailli de Froulay.

(N) Les Bonneval du Limousin sont de la plus vieille souche ; il y a un dicton dans le pays : « Noblesse Bonneval, richesse d'Escars, esprit Mortemart. » Le célèbre Pacha en était. (Voir *Moreri*.)

(O) Pierre-Marie, vicomte d'Abzac, mourut à Versailles, au mois de février 1827, n'ayant pas eu d'enfants de deux mariages qu'il avait contractés, dont le premier, à la date du 10 août 1777, avec Marie-Blaise de Bonneval, décédée pendant la Révolution (Voir COURCELLES, *Histoire généal. et hérald. des Pairs de France*, IX, d'Abzac, 87). Le vicomte d'Abzac était un écuyer très en renom sous Louis XV, sous Louis XVI et, depuis, sous la Restauration; c'était lui qui avait *mis à cheval,* comme il le disait souvent, les trois frères, Louis XVI, Louis XVIII, Charles X, ainsi que le duc d'Angoulême et le duc de Berry ; si bon écuyer qu'il fût, il ne leur avait pas assez appris à s'y bien tenir.

LETTRES

DE

MADEMOISELLE AÏSSÉ.

LETTRE PREMIÈRE.

De Paris, octobre 1726.

Je n'ai pu me résoudre à vous écrire plus tôt : j'ai envisagé avec chagrin que l'on ne vous laisseroit pas lire mes lettres; ainsi j'ai mieux aimé laisser passer les premiers empressemens. Mandez-moi, madame, de vos nouvelles. Êtes-vous remise de la fatigue du voyage? J'ai plus fait de vœux pour que vous eussiez le beau temps qu'un amant n'en auroit fait : il ne seroit assurément pas plus occupé et affligé que moi de votre départ. Le soleil, la pluie, les vents, me paroissoient des embrasemens, des inondations, des ouragans : enfin j'ai respiré quand j'ai vu arriver le jour bienheureux pour vos parens et vos amis où ils vous ont enfin revue. Vous me manderez, s'il vous plait, quelques détails de votre réception : je partage toutes les amitiés que vous recevez. Hélas! je ne puis passer dans la rue où vous avez demeuré sans avoir le cœur serré et les larmes aux yeux.

Je reviens d'Ablon (1), où j'ai passé quelques jours tête-à-tête avec madame de Ferriol (2). J'y ai toujours pensé à vous, et je dis à ma compagne le regret que j'avois que vous n'eussiez pas vu cette guinguette : dans l'instant je vois entrer dans le salon madame votre fille (3); jugez de ma joie. Elle passa ici pour aller à la Jaquinière : elle venoit de

---

(1) Village situé aux environs de Paris, dans le département de Seine-et-Oise.

(2) Angélique Guérin de Tencin, dame de Ferriol, morte à Paris le 1er février 1736, âgée de soixante-deux ans. Elle était sœur de l'archevêque d'Embrun et de Mme de Tencin.

(3) Renée-Magdelaine Calandrini, femme de Jean-Louis Rieu, bourgeois de Genève.

je ne sais où, aux environs. Notre dame prenoit du café : elle vouloit se lever; madame votre fille se précipita pour l'en empêcher. Le chien noir, qui est mal morigéné, saute sur la tasse de café pour japer, la renverse sur sa maîtresse : le désespoir s'empare de ladite dame; fichu sali, robe unie tachée. Vous jugez de l'embarras de madame Rieu qui auroit voulu être à cent lieues de là. Pour moi, je vous l'avoue, j'eus tant envie de rire, que madame votre fille se remit. Cependant, passé ces premiers momens, on lui fit toutes sortes de politesses. Elle la trouva très-belle : en effet, elle l'étoit aussi, quoique dans un grand négligé.

Je parle toujours du voyage de Pont-de-Veyle, qui me procurera le bonheur d'aller vous voir. J'espère qu'à force d'en parler je forcerai d'y aller. Je suis occupée de ce projet : les hommes ne peuvent être sans quelques désirs. Je me flattois d'être une petite philosophe, mais je ne le serai jamais sur ce qui touche le sentiment.

Pont-de-Veyle (1) se porte un peu mieux : il vous

---

(1) Antoine de Ferriol, comte de Pont-de-Veyle, fils aîné de Mme de Ferriol, né le 1er octobre 1697 à Paris, où il mourut le 3 septembre 1774. Il est auteur de quelques pièces de théâtre représentées à la Comédie-Française, et dont une (*le Somnambule*) est restée au répertoire.

assure de ses respects. D'Argental (1) est dans l'île enchantée, chez son amie qui a hérité considérablement; il revient à la Saint-Martin.

Legrand donna, l'autre jour, une comédie (2) qui tomba de la plus belle chute que j'aie jamais vue. Il n'en a pas été de même d'un opéra que deux violons ont donné. Le sujet est *Pyrame et Thisbé* (3): il y eut une très-jolie décoration; ils reçurent bien des applaudissemens.

Je passe mes jours à chasser aux petits oiseaux: cela me fait grand bien. L'exercice et la dissipation sont de très-bons remèdes pour les vapeurs et les chagrins : je reviens de mes courses avec appétit et sommeil. L'ardeur de la chasse me fait marcher, quoique j'aie les pieds moulus: la transpiration que cet exercice m'occasionne me convient. Je suis hâlée comme un corbeau : je vous ferois peur, si vous me voyiez; je voudrois bien en être à la peine.

---

(1) Charles-Augustin de Ferriol, comte d'Argental, frère du précédent, connu par l'amitié si vive que pendant plus de cinquante ans il professa pour Voltaire. Né à Paris le 20 décembre 1700, mort le 6 janvier 1788.

(2) *La Chasse du Cerf*, comédie en trois actes, avec prologue et intermèdes, jouée le 14 octobre 1726.

(3) Les paroles étaient de La Serre; la musique de Rebel et Francœur, tous deux attachés comme violonistes à l'orchestre de l'Opéra; les décors de Servandoni. Cet opéra fut joué pour la première fois le 17 octobre 1726.

Que je serois heureuse si j'étois encore avec vous, madame! Avouez que vous ne seriez point fâchée d'être encore à Paris. Pour moi, je donnerois bien une pinte de mon sang pour que nous fussions ensemble actuellement : je vous rendrois compte de mille choses, je goûterois le plaisir de vous revoir. Au lieu de ce bien, j'ai des regrets : que cela est différent!

Le chevalier (1) est en Périgord, où je crois qu'il s'ennuie : sa santé est toujours délicate, son cœur toujours plus tendre. Je vous enverrois avec plaisir des copies de ses lettres : mais non, il y a des choses qui vous déplairoient, et j'aurois honte que vous les vissiez. L'abbé (2) vit l'autre jour madame Rieu chez moi : ce fut un coup de foudre. Il revint le lendemain à Ablon : il me dit qu'il n'avoit jamais rien vu de si beau, à son gré. Les lys et les roses ne sont pas si fraîches qu'elle étoit ce jour-là : son air de modestie et de douceur plut si fort à ce pauvre abbé, qu'il m'en parle toutes les fois qu'il me

---

(1) *Le chevalier.* Ce titre, quand il n'est pas suivi d'un nom propre, désigne toujours le chevalier d'Aydie.

(2) Odet d'Aydie, frère du chevalier. Nommé, en 1736, aumônier du roi, il obtint, en décembre 1737, l'abbaye d'Uzerche, qu'il échangea, au mois d'avril 1745, contre celle de Savigny. Il en était encore titulaire au moment de la suppression des abbayes, en 1790. (Voy. ci-dessus, page 78.)

voit. Cependant il avoit été prévenu. On l'avoit annoncée, et je lui dis : « Vous allez voir une des belles femmes de Paris. » Malgré cela, il fût surpris.

Monsieur Berthier (1) vous aime toujours de même, quoiqu'il ait changé son goût pour moi en amitié. On vous aime pour vous, et non pas pour les autres. Vous le savez bien; et, quand vous dites le contraire, vous parlez contre votre pensée. En bonne foi, peut-on vous connoître sans vous aimer? J'en laisse juge votre cœur.

Adieu, madame : aimez-moi, et soyez assurée que personne dans le monde ne vous aime, ne vous estime et ne vous respecte autant qu'Aïssé.

LETTRE II.

De Paris, novembre 1726.

J'ai reçu la lettre que vous avez eu la bonté de m'écrire de votre campagne : je ne doute point que

---

(1) Probablement Louis-Bénigne Berthier de Sauvigny, président en la cinquième chambre des enquêtes, mort en 1745.

vous n'ayez eu un plaisir bien vif de vous être vu recevoir avec tant d'amitié. Les démonstrations de joie que l'on a eues de votre retour ne peuvent être feintes : ainsi, madame, vous avez joui d'un bonheur que les rois mêmes ne goûtent pas. Vous me direz qu'il n'étoit point nécessaire que vous fussiez malheureuse pour être aimée; que vous le seriez tout autant, et même davantage, si vous étiez dans une fortune riante. L'expérience, il est vrai, fait voir que l'adversité et la mauvaise fortune déplaisent aux hommes, et que, le plus souvent, les bonnes qualités, le mérite, sont les zéros, et le bien le chiffre qui les fait valoir; mais cependant on se rend toujours à la vertu. Je conviens qu'il faut en avoir beaucoup pour qu'elle supplée au manque de richesses : ainsi, madame, rien n'est plus flatteur que l'accueil obligeant que vous avez reçu. Vous êtes amplement dédommagée des injustices du Sort. Je suis charmée que vous vous portiez mieux; rien ne contribue à la santé comme d'avoir sujet d'être content de soi.

Je fais tous mes efforts pour déterminer M. (1) et madame de Ferriol d'aller à Pont-de-Veyle; ils di-

---

(1) Augustin de Ferriol, président honoraire au parlement de Metz, frère de l'ambassadeur. Mort à Paris, âgé de quatre-vingt-sept ans, le 3 février 1737.

sent que c'est bien leur dessein, mais je ne le croirai que lorsque nous partirons. Il n'y a pas de jour que je ne leur fasse sentir le besoin de leur présence dans leurs terres, et celui de quitter quelque temps Paris.

M. de Bonnac (1) va à Soleure. Je lui ai parlé de madame votre sœur : madame de Bonnac (2) espère de la voir souvent pendant son séjour dans ce pays-là. Comme il n'y a pas loin de Genève, nous irons, vous et moi, les voir: me dédirez-vous? M. et madame de Ferriol et Pont-de-Veyle vous font mille tendres complimens et respects. Pour d'Argental, il est dans l'île enchantée; on ne sait plus quand il en sortira. J'occupe sa chambre, parce que je fais raccommoder la mienne qui sera charmante; je suis bien fâchée que vous ne la voyiez pas : mes réparations me reviendront à cent pistoles. J'ai vu M. Saladin le cadet; je me suis senti une tendresse pour lui dont je ne me serois pas doutée il y a six mois; et je crois que je l'aurois eue pour M. Buisson, s'il avoit vécu. Les gens que j'ai connus chez

---

(1) Jean-Louis d'Usson, marquis de Bonnac, nommé, au mois de novembre 1726, ambassadeur auprès des cantons suisses. Mort à Paris, le 1ᵉʳ septembre 1738, âgé d'environ soixante-six ans.

(2) Magdelaine-Françoise de Gontaut-Biron, morte à Paris, âgée de quarante-six ans, le 18 mars 1739.

vous me sont chers. Il y a long-temps que je n'ai vu madame votre fille; elle a été à la campagne, et moi de mon côté. Nous sommes allés passer les fêtes à Ablon, mademoiselle de Villefranche (1), madame de Servigny (2), M. et madame de Ferriol, MM. de Fontenay, La Mesangère, le chevalier et Clémencey (3) : nous avons fait grand feu et bonne

(1) Cette demoiselle, plus célèbre par sa beauté que par la régularité de sa conduite, était une des six filles de Jean Dupuy de Montbrun, chevalier, marquis de Villefranche, et de Marie-Marguerite de Frizen. Un vaudeville satirique du temps accuse cette dernière d'avoir favorisé les désordres de sa fille et de l'avoir livrée au comte de Toulouse. Il n'y a là malheureusement que de la médisance. La copie de l'acte de baptême d'un fils de Jean Dupuy de Montbrun porte en marge cette note autographe de D'Hozier : « C'est le frère de la belle Mlle de Villefranche, dont la mère s'aide ici pour leur subsistance commune; c'est à quoi M. le comte de Toulouse ne nuit pas. »

(2) Marie-Marguerite de Carvoisin d'Achy, mariée, au mois de janvier 1720, à Pierre Brunet, baron de Chailly, comte de Servigny, maître des requêtes et président en la chambre des comptes; morte le 30 mai 1742, âgée de cinquante-neuf ans.

(3) Philippe Fyot, chevalier, puis comte de La Marche-Clémencey, capitaine au régiment des dragons de Rochepierre; mort lieutenant-général le 15 mars 1750, âgé de quarante-quatre ans.

chère. Vous en êtes étonnée ; mais c'est pour longtemps. La maîtresse de la maison craignoit La Mesangère. Elle n'a jamais osé appeler Clément, son chien noir, ni Champagne ; elle a été de très-bonne humeur, malgré sa contrainte, et la partie s'est très-bien passée. La Mesangère fut charmant. M. de Fontenay m'a chargée de vous assurer de ses respects.

Il faut un peu vous parler des spectacles. Les deux petits violons Francœur (1) et Rebel (2) ont fait un opéra ; le sujet est *Pyrame et Thisbé*. Il est fort joli, quant à la musique ; car, pour le poëme, il est mauvais : il y a une décoration nouvelle. Le premier acte représente une place publique, avec des arcades et des colonnes ; ce qui est admirable. La perspective est parfaitement bien suivie, et les proportions bien gardées. Le pauvre Thévenard (3)

---

(1) François Francœur, né à Paris le 28 septembre 1698, y est mort le 6 août 1787.

(2) François Rebel, né le 19 juin 1701, mort le 7 novembre 1775. Outre *Pyrame et Thisbé*, il a encore fait représenter, de 1728 à 1760, onze autres opéras, ballets ou divertissemens, tous composés en société avec Francœur.

(3) Gabriel-Vincent Thévenard, né le 10 août 1669, débuta au théâtre de l'Opéra en 1697, remplit les premiers rôles avec succès, se retira en 1730, et mourut à Paris le 24 août 1741.

tombe si fort, que je ne doute pas qu'il ne soit sifflé dans six mois. Pour Chassé (1), c'est son triomphe ; il est acteur dans cet opéra ; son rôle est très-beau ; il fait deux octaves pleins. La Antier (2) en est folle. Mademoiselle Lemaure (3) est rentrée ; et Muraire (4), qui a été très-mal, se porte bien. Le bruit avoit couru qu'il se faisoit moine, mais le métier est trop bon, et il ne quitte point l'Opéra. Il y a une nouvelle actrice, nommée Pellissier (5), qui

(1) Claude-Louis-Dominique de Chassé, né à Rennes en 1698, mort à Paris le 25 octobre 1786. Il avait débuté en 1721, et se retira en 1757.

(2) Marie Antier, née à Lyon en 1687, morte à Paris le 3 décembre 1747. Elle quitta le théâtre en 1741.

(3) Catherine-Nicole Lemaure, née à Paris le 31 août 1704, débuta en 1721, et, après plusieurs retraites et rentrées successives, quitta définitivement le théâtre en 1735. Morte le 4 janvier 1786.

(4) Muraire avait débuté à l'Opéra en 1717. Il avait, dit Laborde, une des plus belles hautes-contres qu'on ait jamais entendues. Guéri d'une assez grave maladie qui le tint longtemps éloigné du théâtre, Muraire quitta la scène pour se retirer à Avignon, sa patrie.

(5) Mlle Pellissier passait pour être fille naturelle de Marion de Druis et d'une demoiselle de Meneton. Elle naquit, dit Laborde (*Essai sur la Musique*, III, 525), en 1707, le jour de la mort de la célèbre Maupin, et mourut à Paris le 21 mars 1749. Elle avait épousé le directeur du théâtre de Rouen ; elle quitta, en 1741, l'Opéra, où elle avait debuté en 1722.

partage l'approbation du public avec la Lemaure: pour moi, je suis pour la Lemaure; sa voix, son jeu, me plaisent plus que celui de mademoiselle Pellissier. Cette dernière a la voix très-petite, et elle l'a toujours forcée sur le théâtre; elle est très-bonne pantomime; tous ses gestes sont justes et nobles: mais elle en a tant que mademoiselle Antier paroît tout d'une pièce auprès d'elle. Il me semble que, dans le rôle d'amoureuse, quelque violente que soit la situation, la modestie et la retenue sont choses nécessaires; toute passion doit être dans les inflexions de la voix et dans les accens. Il faut laisser aux hommes et aux magiciens les gestes violens et hors de mesure; une jeune princesse doit être plus modeste. Voilà mes réflexions. En êtes-vous contente? Le public rend justice à mademoiselle Lemaure; et quand on l'a revue sur le théâtre, elle parut premièrement à l'amphithéâtre, tout le parterre se retourna et battit des mains pendant un quart d'heure. Elle reçut ces applaudissemens avec une grande joie, et fit des révérences pour remercier le parterre. Madame la duchesse de Duras (1), qui protége la Pellissier, étoit furieuse, et me fit

---

(1) Angélique-Victoire de Bournonville, épouse de Jean de Durfort, duc de Duras, maréchal de France, morte à Paris, âgée de soixante-dix-neuf ans, le 30 septembre 1764.

signe que c'étoit moi et madame de Parabère (1) qui avions payé des gens pour battre des mains. Le lendemain, la même chose arriva, et mademoiselle Pellissier en pensa crever de dépit.

La Comédie est de retour de Fontainebleau où il y a jubilé : nous ne l'avons pas ici, à cause de M. le cardinal de Noailles (2). On est affamé de tragédies, parce que, depuis Fontainebleau, on ne joue que des farces. Pour la Comédie Italienne, on y joue la critique (3) de l'opéra, qui, à ce qu'on dit, est fort jolie. La pauvre Silvia (4) a pensé mourir : on prétend qu'elle a un petit amant qu'elle aime beaucoup; que son mari, de jalousie, l'a battue outrément, et qu'elle a fait une fausse couche de deux

---

(1) Marie-Magdelaine de la Vieuville, née à Paris le 6 octobre 1693, y mourut le 14 août 1755. Elle avait épousé, en 1711, César-Alexandre de Baudéan, comte de Parabère, et fut l'une des nombreuses maîtresses du Régent.

(2) Le cardinal de Noailles était archevêque de Paris et, alors, l'un des plus décidés opposans à l'acceptation de la bulle *Unigenitus*.

(3) *Pyrame et Thisbé*, parodie, par Dominique, Riccoboni fils et Romagnesi, représentée pour la première fois le 13 novembre 1726.

(4) Excellente actrice pour les pièces de Marivaux. — Jeanne-Rose-Guyone Benozzi, née à Toulouse, morte à Paris le 16 septembre 1758. Elle avait épousé Joseph-Antoine-Jean Gaëtan-Maximilien Balletti, dit Mario.

enfans, à trois mois; elle a été très-mal; elle est mieux à présent. Mademoiselle Flaminia (1) avoit eu la méchanceté d'instruire le mari des galanteries de sa femme. Vous jugez bien, à l'amour que le parterre avoit pour Flaminia, combien il l'a maltraitée. Les bals vont commencer; mais ils seront sûrement aussi déserts que l'année passée.

Permettez que je fasse ici quelques petites coquetteries à monsieur votre mari. Je suis extrêmement touchée du petit mot qu'il a mis dans votre lettre; et, dussiez-vous le battre de jalousie, je lui dirai que je l'aime beaucoup.

A mademoiselle votre fille.

Je suis persuadée, mademoiselle, que vous avez un peu d'amitié pour moi : votre extrême vérité m'en assure; le retour est naturel, à tous les cœurs bien faits, d'aimer qui nous aime. Continuez, je vous prie, de parler un peu de moi à madame votre mère : choisissez, s'il vous plaît, le moment où vous vous mettez à table, pour que je puisse avoir part à votre conversation. Plût à Dieu que j'en

(1) Hélène-Virginie Balletti, dite Flaminia, morte à Paris, âgée de quatre-vingt-cinq ans, le 29 décembre 1771.

fusse témoin! Adieu, mesdames; recevez mes tendres embrassades.

Voici une lettre d'un officier des Invalides à M. Voisin, pour obtenir la permission de se marier.

« MONSEIGNEUR,

« J'aurois cru que le précepte de saint Paul étoit bon à suivre, surtout quand il dit qu'*il vaut mieux se marier que brûler.* C'est ce qui m'a fait prendre la liberté de demander à Votre Grandeur la permission d'épouser mademoiselle d'Auval, fille d'un mérite et d'une sagesse consommés. C'est ce que tous ceux qui la connoissent certifieront à Votre Grandeur. Cependant monsieur notre gouverneur m'a défendu de voir cette demoiselle, si je ne voulois être démis de mon emploi. J'ai obéi à cette défense: et, si Votre Grandeur ne trouve pas à propos ce mariage, je la supplie très-instamment, pour le salut de mon âme, de m'en présenter une autre, ou bien d'envoyer ordre au père Pascal, mon confesseur, de m'absoudre quand je vais à confesse; ce qu'il m'a refusé. Je fais tous mes efforts pour contenter ce bon père, mais en vain, Dieu ne m'ayant point donné à trente-huit ans le don de continence. Enfin, monseigneur, si vous me procurez le paradis sans femmes, et que je vienne à mourir plus tôt que Votre Grandeur, je ne laisserai point Dieu en repos qu'il ne vous ait marqué une place digne de votre mérite dans son paradis.

« Je suis, etc. »

LETTRE III.

De Paris, décembre 1726.

Je n'ai pas de plus grand plaisir que de causer avec vous; et, comme je voudrois rendre mes lettres un peu moins sèches et plus intéressantes, j'écris les nouvelles que je sais bien : je n'aimerois pas à vous mander tout ce qui se dit à Paris. Vous savez, madame, que je hais les faussetés et les exagérations : ainsi tout ce que j'écrirai sera sûrement vrai. J'ai reçu hier des lettres d'Angleterre, où on m'apprend le mariage de mademoiselle de Saint-Jean (1) avec M. Knight, fils du trésorier (2) de la

(1) Mlle de Saint-Jean, issue d'un second mariage de Henry, vicomte de Saint-Jean, pair d'Angleterre, était sœur de Bolingbroke et nièce de Mme Calandrini.

(2) Mlle Aïssé se trompe. Il était caissier de la compagnie de

compagnie des Indes : on prétend qu'il a des biens immenses. Argent, argent, que de vanités vous étouffez! que d'orgueils vous soumettez! que de pensées honnêtes vous faites évanouir! Auriez-vous jamais cru que milord, entêté de sa noblesse comme il l'est, fort riche, et ayant une seule fille, il la marie à un gentillâtre, elle qui devoit être mariée à un pair (1)? Elle va venir à Paris voir la famille de son mari, qui sont de bonnes gens, mais sur un ton bien différent du sien : elle verra tous les petits Anglichons qui sont en France. Je crois qu'elle s'ennuiera et s'impatientera souvent.

Le chevalier est beaucoup mieux, il revient ici. Voici une petite histoire assez plaisante (2). Un chanoine de Notre-Dame (3), fameux janséniste,

---

la mer du Sud, et se retira en France avec la caisse; il a vécu long-temps avec plus de magnificence que de bonne réputation.

(1) La demoiselle en était folle. Ce mariage s'est fait contre l'aveu des parens. — (Note de Voltaire)

(2) L'histoire est très-vraie. — (Note de Voltaire.)

(3) Jean-Gabriel Petit de Montempuis. C'était un très-fervent janséniste; aussi les beaux-esprits jésuites ne laissèrent-ils point échapper l'occasion d'humilier à la fois et l'auteur du scandale et tout le parti des appelans en chansonnant le héros de cette comique aventure. Deux vaudevilles satiriques furent répandus à profusion : on les attribua au père Ducerceau, poëte en titre de la Société de Jésus. Ducerceau, moins peut-

homme de beaucoup d'esprit, et de réputation pour ses mœurs, qui a professé dans plusieurs universités, fort craint des molinistes, et très-aimé de M. l'archevêque de Paris, âgé de soixante-dix ans, a succombé à l'envie de voir la comédie. Il avoit souvent dit à ses amis qu'il ne mourroit pas avant d'y aller, ayant une très-grande passion de voir une chose dont il entendoit parler sans cesse. On prenoit ce discours pour une plaisanterie. Son laquais lui avoit demandé plusieurs fois ce qu'il vouloit faire des vieilles nippes de sa grand'mère qu'il gardoit depuis long-temps. Il lui avoit répondu qu'elles pouvoient lui être nécessaires. Enfin, ne pouvant résister davantage, il communiqua son dessein à son laquais, qui étoit un vieux domestique pour le-

être pour rendre hommage à la vérité que pour faire connaître et rechercher les couplets malins, se défendit fort d'en être l'auteur. Sa réclamation est consignée dans le *Mercure de France* du mois de janvier 1727, p. 127. La publication de ce désaveu fit naître une *Réponse de M. de Montempuis au R. P. Ducerceau*, sur laquelle l'attention des curieux fut appelée par le moyen même qu'avaient imaginé les jésuites. Un M. Piat, professeur de rhétorique au collége du Plessis, se déclara innocent de cette satire et d'autres vers sur le même sujet que la malignité publique mettait sur son compte (Voy. *Mercure de France*, février 1727, p. 334.) L'abbé de Montempuis, né vers 1676, mourut à Paris le 23 novembre 1763.

quel il avoit beaucoup de confiance, et lui dit qu'il vouloit s'habiller en femme avec les hardes de sa grand'mère. Le laquais fut très-surpris; il chercha à dissuader son maître d'exécuter cet insensé déguisement, en l'assurant que les nippes étoient si antiques qu'il seroit sûrement remarqué, au lieu que, restant avec son habit, on pourroit très-bien n'y pas faire attention, le spectacle étant rempli d'abbés. Le chanoine ne se rendit point à ses raisons; il craignoit d'être reconnu par ses écoliers : il lui dit que, comme il étoit vieux, on ne seroit point surpris de le voir avec des hardes à la vieille mode. Il s'ajuste avec la cornette haute, l'habit troussé, et tous les falbalas imaginés en ce temps-là pour suppléer aux paniers. Il arrive à la Comédie et se place à l'amphithéâtre. Cette figure étonna, comme vous pouvez bien le penser. Les voisins commencèrent à en parler; le murmure augmenta. Armand, acteur qui faisoit le rôle d'Arlequin, aperçut le chanoine, alla dans l'amphithéâtre, et examina le personnage; il s'en approcha, et lui dit : « Monsieur, je vous conseille de décamper; vous êtes reconnu, et votre habit grotesque fait rire le parterre, au point que je crains quelque scandale. » Le pauvre homme, bien troublé, remercie le comédien et le prie de l'aider à sortir. Armand lui dit de le suivre, et, pressé par la scène qu'il falloit aller jouer, il va très-vite. Le chanoine le perd de vue au sortir de l'amphithéâtre. Il entend les huées du parterre, il trouve l'escalier qui se partage en deux, dont l'un conduit à la rue, et l'autre dans la salle des exempts. Comme il ne connaissoit point les lieux, son malheur voulut qu'il se méprît; il descend dans cette salle où l'exempt se tient ordinairement. Il y étoit alors. Il fut frappé de cette figure de femme singulière, qui avoit l'air troublé et interdit; il l'arrêta, ne doutant point que ce ne fût quelque aventurier déguisé, et conduisit à M. Hérault (1) notre pauvre docteur qui fondoit en larmes, et qui offrit cent louis à l'exempt pour le laisser aller. Il lui conta son histoire, lui dit son nom, mais ce coquin fut inexorable; c'est la première fois qu'il a refusé de l'argent, pour faire un scandale affreux. Le lieutenant de police vit avec plaisir notre chanoine; et, comme il étoit courtisan moliniste, il lui fit une très-grande réprimande, et le nomma devant beaucoup de monde. Le janséniste pleura. On lui a envoyé une lettre de cachet pour aller à soixante lieues d'ici, je ne sais pas bien où.

(1) René Hérault, lieutenant-général de police.

M. de Pric (1) étoit l'autre jour dans la chambre du Roi, appuyé sur une table; la bougie alluma sa perruque; il fit ce que bien d'autres auroient fait en pareil cas, il l'éteignit avec les pieds : l'incendie fini, il la remit sur sa tête. Cela répandit une odeur très-forte. Le Roi entra dans ce moment; il fut frappé du parfum, et, ignorant ce que c'étoit, il dit sans aucune malice : « Il sent bien mauvais ici; je crois qu'il sent la corne brûlée. » A ce discours, vous comprenez bien que l'on rit : le Roi et la noble assemblée firent des éclats de rire désordonnés. Le pauvre cocu n'eut point d'autre ressource que ses jambes, et il s'enfuit bien vite.

Voici une épigramme de Rousseau contre Fontenelle.

Depuis trente ans, un vieux berger normand
Aux beaux esprits s'est donné pour modèle;
Il leur apprend à traiter galamment
Les grands sujets en style de ruelle.
Ce n'est le tout; chez l'espèce femelle
Il brille encor, malgré son poil grison;
Et n'est caillette, en honnête maison,
Qui ne se pâme à sa douce faconde.
En vérité, caillettes ont raison :
C'est le pédant le plus joli du monde.

(1) Louis, marquis de Pric. Sa femme était maîtresse en titre du duc de Bourbon.

Madame de Parabère a quitté M. le Premier (1), et M. d'Alincourt (2) ne la quitte pas, quoique je sois persuadée qu'il ne sera jamais son amant. Elle a des façons charmantes avec moi; elle sait bien que je crains d'avoir l'air d'être sa complaisante; et, comme elle n'ignore point que tous les yeux sont sur elle, elle ne me propose plus de partie. Elle m'a dit cent fois qu'elle ne pouvoit avoir de plus grand plaisir que de me voir, que toutes les fois que je voudrois, elle en seroit charmée. Son carrosse est toujours à mon service. Ne croyez-vous pas qu'il seroit ridicule de ne la point voir du tout? D'ailleurs, je n'ai aucune raison de m'en plaindre, bien au contraire; n'ai-je pas reçu de sa part mille amitiés dans toutes les occasions? On ne me peut soupçonner d'être sa confidente, ne la voyant que de temps en temps : enfin je me conduirai de mon mieux. Mais, en vérité, madame, je n'ai rien vu qui me confirme les bruits qui courent sur son nouvel engagement; elle est avec lui très-polie, très-modeste, a l'air indifférent. La seule chose qui

---

(1) Henri-Camille, marquis de Beringhen, premier écuyer du Roi, né à Paris le 1er août 1693, mort en février 1770. Il avait supplanté le Régent auprès de Mme de Parabère.

(2) François-Camille de Neufville de Villeroy, marquis d'Alincourt, mestre de camp de cavalerie, mort à Paris le 26 décembre 1732.

donneroit des soupçons, c'est que, sachant les discours du public, elle auroit dû peut-être ne pas le recevoir chez elle; mais elle dit qu'elle n'a pas le dessein de s'enterrer; que, si elle refuse sa porte à M. d'Alincourt, le lendemain il faudra qu'elle la refuse à un autre, et que tour à tour elle chasseroit tout le monde, et qu'elle n'en seroit pas quitte encore, pour être dans la solitude; que l'on diroit qu'elle ne les congédie que pour que le public en soit instruit : elle aime mieux, ajoute-t-elle, attendre du temps pour être justifiée. Adieu, ma chère dame : c'est toujours avec un regret infini que je vous quitte; mais la poste va partir.

LETTRE IV.

De Paris, 6-10 janvier 1727.

Vous êtes surprise que j'aie resté si long-temps sans vous écrire; mais, madame, je vous suis trop attachée pour ne pas me flatter que vous ne doutez point que, malgré mon silence, j'aie pensé très-souvent à vous, et qu'il a fallu que je n'eusse pas un moment pour vous le dire, puisque je ne l'ai pas fait. Mon cœur est sans cesse occupé de vous, et mes regrets sont aussi vifs que le jour où vous quittâtes Paris; tous les instans, je sens tout ce que j'ai perdu; rien n'est plus douloureux que d'avoir une amie de votre caractère, et d'en être séparée. Ces idées sont trop cruelles; parlons d'autre chose.

Le prince de Bournonville (1) est mort hier : il ne pouvoit vivre : il est mort bien jeune et bien vieux. On le regrette sans être affligé : car il étoit dans une si triste situation, qu'il valoit mieux pour lui finir que de continuer à vivre pour souffrir; il ne pouvoit presque ni parler ni respirer. Je crois que son âme a bien eu de la peine à quitter son corps; elle y étoit tout entière. Il avait fait un testament, il y a quatre ans, où il me donnoit deux mille écus; je suis enchantée qu'il n'ait pas subsisté. Le public qui ignoroit l'amitié qu'il avoit eue pour moi, dans le temps qu'il venoit souvent chez M. de Ferriol, auroit soupçonné mille choses. Il a nommé pour héritière madame la duchesse de

---

(1) Philippe-Alexandre, prince de Bournonville, né le 10 décembre 1699, mort à Paris le 5 janvier 1727. Il ne laissa point d'enfans, étant, dit le *Mercure de France* (janvier 1727, p. 188), tombé en paralysie presque aussitôt après son mariage.

Duras (1); il a donné très-amplement à tous ses domestiques, sans en oublier un. Ce qui vous surprendra, madame, c'est qu'un quart d'heure après sa mort le mariage de sa femme (2) avec le duc de Ruffec a été arrêté et public; et ce qui vous étonnera le plus, c'est que ce manque de bienséance part du cardinal de Noailles et de la maréchale de Gramont (3) qui est Noailles et mère de madame de Bournonville. M. le duc de Ruffec est fils de M. de Saint-Simon, âgé de vingt-cinq ans. Il n'a actuellement que vingt-cinq mille livres de rente, et vous voyez bien que sa naissance n'est pas bien merveilleuse, et madame de Bournonville jouit de trente-trois mille livres de rente. Elle est jeune et belle, d'une grande maison par elle et son mari. Madame de Saint-Simon est amie du cardinal de Noailles. Elle parloit souvent du prince de Bournonville comme d'un homme confisqué, et qu'elle se trouveroit bien heureuse si sa veuve vouloit

(1) Sa sœur. Voy. ci-dessus, p. 92, note 1.

(2) Marie-Catherine-Charlotte-Thérèse de Gramont. Elle épousa en secondes noces, le 26 mars 1727, Jacques-Louis de Saint-Simon, duc de Ruffec, pair de France, et mourut à Paris le 21 mars 1755, âgée de quarante-huit ans.

(3) Marie-Christine de Noailles, veuve d'Antoine, duc de Gramont, pair et maréchal de France. Morte à Paris le 14 février 1748.

épouser son fils. Au moment que ce prince expiroit, elle va chez le cardinal, ne le laisse pas achever de dîner pour qu'il allât demander madame de Bournonville. La maréchale de Gramont accepta la proposition et dit au cardinal qu'elle en étoit charmée, mais qu'il falloit cacher pour quelque temps ce mariage. Le cardinal dit qu'il ne pouvoit se taire, et qu'il le diroit à tout ce qui se rencontreroit, de manière qu'avant que M. de Bournonville fût enterré, tout Paris a su ce mariage. Il est mort le 5, et le 9 on a été faire part du mariage à tous les parens et amis. Tout le monde est révolté. Au bout des quarante jours la cérémonie se fera. Madame la duchesse de Duras et madame de Mailly (1), sœurs du défunt, sont allées rendre visite, le surlendemain, à la veuve : elle avoit un pied de rouge dans l'habillement de veuve, et son prétendu étoit à côté d'elle, qui venoit de se présenter comme futur époux. Ce n'est point un mariage d'inclination; il n'y a aucun amour : cela fait tenir bien des discours.

Les partis sur mademoiselle Lemaure et mademoiselle Pellissier deviennent tous les jours plus

---

(1) Delphine-Victoire de Bournonville, mariée le 14 mars 1720 à Victor-Alexandre, marquis de Mailly. Morte à Paris le 2 avril 1774, âgée de soixante-dix-huit ans.

vifs. L'émulation entre ces deux actrices est extrême, et a rendu la Lemaure très-bonne actrice. Il y a des disputes dans le parterre, si vives que l'on a vu le moment où l'on en viendroit à tirer l'épée. Elles se haïssent toutes deux comme des crapauds, et les propos de l'une et de l'autre sont charmans. Mademoiselle Pellissier est très-impertinente et très-étourdie. L'autre jour, à l'hôtel de Bouillon, à table, devant des personnes très-suspectes, elle dit que M. Pellissier, son cher mari, pouvoit compter d'être le seul à Paris qui ne fût pas cocu. Pour la Lemaure, elle est bête comme un pot; mais elle a la plus belle et la plus surprenante voix qu'il y ait dans le monde; elle a beaucoup d'entrailles, et la Pellissier beaucoup d'art. On fit l'anagramme du nom de cette dernière, qui étoit *Pilleresse*. Muraire a quitté tout de bon la fièvre depuis trois mois, et la dévotion s'est emparée de lui. On joue *Proserpine* le 14 de ce mois. La Antier fait Cérès; la Lemaure, Proserpine; la Pellissier, Aréthuse; Thévenard, Pluton; Chassé, Ascalaphe. Voilà la distribution, qu'on dit être à merveille. Je doute pourtant que cet opéra réussisse : toute l'intrigue est une vieille maîtresse qui raconte ses vieilles amours, une petite fille qui cueille des fleurs et qui fait des guirlandes, un vieux cocher amoureux et brutal. Il n'y a donc qu'un épisode, *Alphée et Aréthuse*, qui fasse une scène assez touchante : tout le reste est froid, languissant et insipide. M. de Nocey me soutint, l'autre jour, que c'étoit le plus bel opéra du monde, et qu'il y avoit une allégorie qui le rendoit charmant. Je l'assurai qu'il pouvoit être agréable pour le personnage pour lequel il avoit été fait; mais que, pour moi, qui méprisois souverainement madame de Montespan et qui ne l'avois jamais connue, sa rupture avec le roi, ses regrets, tout cela ne pouvoit m'émouvoir. La Comédie tombe, tous les bons acteurs vont quitter; les mauvais sont détestables, et ne donnent aucune espérance.

Le Roi est à Marly, où il tient table le soir; la Reine le matin. C'est une chose nouvelle; cela n'étoit point encore arrivé que la Reine eût mangé en public avec les dames. On parle de guerre; nos cavaliers la souhaitent beaucoup, et nos dames s'en affligent médiocrement : il y a long-temps qu'elles n'ont goûté l'assaisonnement des craintes et des plaisirs des campagnes; elles désirent de voir comme elles seront affligées de l'absence de leurs amans. M. de Nesle a fait des plaisanteries très-fortes à M. le prince de Carignan sur ce qu'il parloit mal françois. Le prince, impatienté, lui dit qu'il seroit forcé de lui donner des coups de bâton, parce qu'on ne savoit pas en Suède (1) qu'il étoit un grand poltron. M. de Nesle a fait mille excuses et mille bassesses; choses qui lui arrivent trop souvent pour sa réputation.

J'apprends, dans l'instant, qu'on va retrancher les rentes perpétuelles. Comme nous n'en avons ni l'une ni l'autre, je m'en console. Ma santé est mauvaise depuis quelque temps. Je me fis saigner hier; je prends de la limaille; je suis maigre; je me flatte que cela n'aura pas de suite. Adieu, madame, honorez-moi toujours un peu de vos bontés; c'est une

---

(1) Il faut probablement lire *en Savoie*. Au reste, la poltronnerie de M. de Nesle était comme proverbiale.

« Le Roi a demandé au marquis de Nesle s'il étoit au service; il a dit qu'il n'y étoit plus et qu'il avoit servi dans la gendarmerie. Le Roi lui a dit : « Pourquoi n'avez-vous pas acheté un régiment quand vous l'avez quitté? — Il n'y en avoit point alors à vendre, a-t-il répondu. — Bon, a dit le Roi, on en a vendu plus de cent depuis; » puis il a ajouté en langage suisse : *Ly être poltron*, ce qui a bien étonné et le marquis et toute la cour, qui voit que le Roi, qui parle si peu, n'a parlé que pour dire une chose très-piquante à un homme de qualité. Louis XIV, pendant soixante et dix ans de règne, n'en a jamais tant dit à personne. Voilà un homme mal marqué; cocu de plus. »

(*Journal de Paris*, par Mathieu Marais, année 1723. Mars. Voy. *Revue rétrospective*, 2ᵉ série, IX, 136-139.)

consolation à tous mes maux, tant du corps que de l'esprit. A propos, il y a une vilaine affaire qui fait dresser les cheveux à la tête (1) : elle est trop infâme pour l'écrire ; mais tout ce qui arrive dans cette monarchie annonce bien sa destruction. Que vous êtes sages, vous autres, de maintenir les lois et d'être sévères! Il s'ensuit de là l'innocence. Je suis tous les jours surprise de mille méchancetés qui se font et dont je n'aurois pu croire le cœur humain capable. Je m'imagine quelquefois que la dernière surprise m'empêchera d'en avoir à l'avenir; mais j'y suis toujours trompée.

(1) Une très-vilaine histoire en effet; elle n'a pourtant rien qui se rapporte aux affaires publiques. Il s'agissait d'une espèce de fou qui s'était avisé d'aller à l'Hôtel-Dieu et d'y faire à un jeune malade des propositions du genre de celles qui menèrent l'abbé Desfontaines à Bicêtre. C'est le *Journal* manuscrit de l'avocat Barbier qui donne tous les détails; nous en faisons grace ici.

LETTRE V.

D'Ablon, 5 mai 1727.

Comment vous portez-vous, madame? ne me donnerez-vous point de vos nouvelles? voulez-vous me punir de mon silence? La punition est trop forte, et, pour une personne aussi juste que vous, elle n'est pas proportionnée à l'offense. Jamais vous ne pouvez soupçonner mon cœur; vous le connoissez trop. Votre silence ressemble à l'oubli et à l'ingratitude. Au nom de Dieu! souvenez-vous que vous êtes la personne du monde que j'aime et que j'estime davantage. Vous êtes obligée de m'aimer à cause de mon discernement, si ce n'est pas par goût. Madame votre fille m'a fait l'honneur de me venir voir plusieurs fois : si je n'étois pas extrêmement occupée, j'aurois le plaisir de la voir souvent; je l'ai toujours beaucoup aimée, mais j'avoue que je l'aime encore davantage. Des esprits mal faits pourroient vous soupçonner, sur cette phrase, d'être tracassière et d'avoir voulu me donner de l'éloignement pour elle; mais les bons esprits, et qui connoissent les entrailles, imagineront aisément que tout ce qui appartient à ce qu'on aime devient plus cher lorsque l'on en est éloigné.

Je me suis flattée, jusqu'à présent, que je ferois le voyage de Pont-de-Veyle, qui me procureroit le plaisir de vous aller voir, mais je vois avec douleur que le temps est bien éloigné. On me flatte, et je crois deviner qu'il y a une résolution marquée de ne point faire ce voyage; j'en suis très-piquée. On se plaît à me donner des espérances, et ensuite à les détruire. Je prends souvent la résolution de paroître indifférente sur l'événement; mais, malgré moi, le chagrin et la joie se manifestent tour à tour.

On parle plus de guerre que jamais; nos guerriers craignent fort de camper. Ils voudroient se battre, prendre à la hâte quelques villes, et revenir, au bout de huit jours, à Paris. M. le prince de Conti (1) est mort, hier matin, d'une fluxion de poitrine; il a dit les choses du monde les plus tendres et les plus obligeantes à sa femme, il lui a demandé pardon des soupçons mal fondés qu'il avoit eus sur sa conduite, lui a nommé son valet de

---

(1) Louis-Armand de Bourbon, prince de Conti, né à Paris le 10 novembre 1695.

chambre qui étoit son espion et son calomniateur, et l'a assurée qu'il étoit bien éloigné d'ajouter aucune foi à tout ce qu'il avoit rapporté. Il a fait ordonner à madame La Roche, sa maîtresse, et qui, en partie, étoit la cause du peu d'union qu'il avoit avec sa femme, de sortir au moment même de sa maison, où elle demeuroit. Il a donné deux mille livres de pension à quatre personnes : je ne m'en ressouviens que de deux, MM. de Montmorenci et du Bellai; à M. Maton, qu'il a toujours fort aimé, un diamant de dix mille livres; au président de Lubert, son portrait en grand; à ses deux filles, chacune une tabatière d'or avec son portrait. A l'égard de ses domestiques, il laisse madame la princesse de Conti maîtresse de les récompenser comme elle jugera à propos. La princesse a beaucoup pleuré, quand il est tombé malade, quoiqu'ils fussent brouillés, et même sur le point de se séparer. Il a donné tant de marques de tendresse et de repentir, qu'elle a oublié, pour le présent, tous les chagrins qu'il lui a causés. Je crois cependant que, passé les premiers jours, elle s'en consolera bien aisément. M. le Duc a eu une attaque d'apoplexie dont il réchappe. A la Halle, les harangères disent que le borgne n'avoit garde de mourir, parce qu'il est trop méchant, et que le prince est mort, parce qu'il étoit bon. Ces pauvres gens décident de sa bonté, sans savoir pourquoi, si ce n'est qu'il n'avoit jamais été à portée de leur faire ni mal ni bien.

Je vous enverrai, par la première occasion, un livre fort à la mode ici, *le Voyage de Gulliver*; il est traduit de l'anglois (1); l'auteur est le docteur Swift; il est fort amusant; il y a beaucoup d'esprit, d'imagination et une fine plaisanterie. Destouches a donné (2) *le Philosophe marié;* c'est une très-jolie comédie; il y a du sentiment, de la délicatesse; mais ce n'est pas le génie de Molière. Il y a *la Critique* (3) qui est du même auteur : c'est le panégyrique du *Philosophe marié;* on la trouve assez mauvaise.

Votre commission sera faite au plus tôt. Vous me faites tort, quand vous croyez que je peux m'impatienter en la faisant. Non, madame; soyez persuadée, à moins que vous ne vouliez m'affliger mortellement, que, si vous m'ordonniez de marcher sur la tête pour l'amour de vous, j'irois avec joie. L'article de votre lettre où vous me dites que vous ne me verrez plus, m'a serré le cœur à en pleurer. Pourquoi voulez-vous m'affliger? Oui, je vous verrai, quelque chose qu'il arrive, à moins que je ne

---

(1) Par Desfontaines.
(2) Le 15 février 1727.
(3) ***L'Envieux, ou la Critique du Philosophe marié***, joué le 3 mai 1727.

meure bientôt. Ma santé est assez bonne; ainsi laissez-moi l'espérance de vous embrasser encore souvent avant que je meure.

Vous me demandez des nouvelles du chevalier; il est en Périgord où sa santé est toujours assez mauvaise. Cependant il m'assure qu'il n'y a nul danger; il est plus tendre que jamais : ses lettres sont toutes comme celles que je vous montrois dans le carrosse, quelque temps avant votre départ : si j'osois, je vous en enverrois des copies. Elles sont trop pleines de louanges; mais elles sont si bien écrites, que, si l'on ne connoissoit pas l'objet, on les trouveroit charmantes. Je ne sais aucune nouvelle de Paris; je suis ici comme au bout du monde : je vendange, je file beaucoup pour me faire des chemises, et je tire aux oiseaux. J'ai reçu des lettres de madame Knight; elle me dit qu'elle est mariée et heureuse; elle est à Bettersea depuis son mariage; M. de Bolingbroke ne paroît pas trop content. La tête a tourné apparemment à milord, de marier sa fille de cette façon. Vous auriez mieux fait; il falloit vous laisser faire, sans vous contraindre. Adieu, madame, continuez-moi vos bontés.

LETTRE VI.

De Paris, 1727.

Vous avez tort, madame, de m'accuser d'oubli à votre égard; ayez meilleure opinion de vos amis, et surtout de moi qui sens bien tout le prix de votre amitié. Je puis jurer qu'il n'y a pas de jour que je ne pense à vous, que je ne vous regrette, et que je ne fasse des projets pour aller vous voir; je mettrai tout en usage pour exécuter ce que je souhaite si vivement : je quitte tout sans regret pour vous. Je suis accablée de chagrin, mon corps s'en ressent; je suis maigrie à en être alarmée. J'ai eu tout à la fois la mort de mon bienfaiteur, l'asthme du chevalier qui dure depuis trois mois, et la réduction des rentes viagères. Voici une lettre qu'il m'a faite pour le cardinal de Fleury; je ne doute point que vous ne la trouviez bien.

« Monseigneur,

« Je n'oserois me flatter que votre Éminence se

ressouvint que j'ai eu l'honneur de la voir; mais je crois pouvoir espérer que la singularité de mon état excitera sa compassion, et qu'elle me pardonnera la liberté que je prends de lui en exposer les circonstances. M. de Ferriol m'a amenée de Turquie en ce pays-ci à l'âge de quatre ans; et, après m'avoir élevée comme sa fille, il a voulu, pour comble de générosité, me laisser une fortune qui soutînt l'éducation qu'il m'avoit donnée. Toute la famille de Ferriol concourant à ses desseins, il m'avoit donné quatre mille livres de rentes viagères. Aujourd'hui, monseigneur, on m'en ôte plus de la moitié; et par là je perds ce qui faisoit la tranquillité et l'indépendance que l'on a voulu m'assurer. J'ose supplier Votre Éminence que l'on ne me traite point à la rigueur; ne souffrez pas que l'on détruise une fortune qui est un témoignage de la générosité des François. Si vous vous informez de moi, on vous dira que je n'ai ni goût, ni talent pour acquérir. Ordonnez donc qu'on me laisse ce que je possédois par des voies si légitimes. Vous aurez part à la reconnoissance que j'ai pour ceux à qui je dois tout ce que je possède, et je ne cesserai jamais d'être avec le plus profond respect, etc. »

Lettre de madame de Ferriol.

Aïssé ne cesseroit de vous écrire, si je la laissois faire; je n'en ai pas la patience, et je l'interromps pour vous parler aussi à mon tour. Gardez-vous bien de m'oublier; je ne cesse point de me ressouvenir de vous et de vous regretter. Les courses que j'ai faites et les maladies que j'ai essuyées ne m'ont pas distraite un moment de ce souvenir; j'espère que tous mes voyages ne sont pas faits, et que j'en ferai un à Pont-de-Veyle qui me procurera le bonheur de vous voir. J'ai besoin de cette espérance pour adoucir la peine que me cause votre absence. J'espère qu'en attendant vous voudrez bien me donner de vos nouvelles, et que vous ne doutez pas de la très-tendre amitié que je conserverai toute ma vie pour vous.

Suite de la Lettre de Mademoiselle Aïssé.

On me rend la plume, je vais en profiter pour conter quelques ravauderies. Madame de Tencin est toujours malade; les savans et les prêtres sont presque les seules personnes qui lui fassent leur cour. D'Argental n'est plus amoureux; ses assiduités sont réfléchies actuellement. Il y a eu des tracasseries à la cour; les dames du palais ont voulu jouer des comédies pour amuser la Reine. MM. de Nesle, de la Trimouille, Graisi, Gontault, Tallard, Villars, Matignon, étoient les acteurs. Il manquoit une actrice pour de certains rôles, et il étoit nécessaire d'avoir quelqu'un qui pût former les autres : on proposa la Desmares (1), qui ne monte plus sur le théâtre. Madame de Tallard (2) s'y opposa, et assura qu'elle ne joueroit pas avec une comédienne, à moins que la Reine ne fût une des actrices. La petite marquise de Villars (3) dit que madame de Tallard avoit raison, et qu'elle ne vouloit point jouer aussi, à moins que l'Empereur ne fît Crispin. Cette grande affaire finit par des éclats de rire. Ma-

(1) Christine-Antoinette-Charlotte Desmares, excellente actrice de la Comédie-Française, née à Copenhague vers 1683, morte à Saint-Germain-en-Laye le 12 septembre 1753. Elle avait quitté le théâtre depuis le mois d'avril 1721.

(2) Marie-Élisabeth-Angélique-Gabrielle de Rohan, duchesse de Tallard, dame du palais de la Reine, et depuis (1729) gouvernante des enfans de France, en survivance de la duchesse de Ventadour, son aïeule. Née le 17 janvier 1699, morte à Versailles le 4 janvier 1754.

(3) C'est probablement Amable-Gabrielle de Noailles, mariée à Saint-Roch, en août 1721, à Honoré-Armand, marquis de Villars; nommée, en décembre 1727, dame du palais de la Reine.

dame de Tallard a été si piquée, qu'elle a quitté la troupe. La Desmares a joué, et les comédies ont très-bien réussi.

Milord Bolingbroke nie hautement les lettres que l'on prétend qu'il a écrites à M. Walpole. Je ne doute pas que vous n'en ayez ouï parler : il dit qu'on peut l'attaquer, mais qu'il ne répondra jamais; que ce sont des lettres supposées; qu'il est résolu de demeurer en repos, malgré toute la malice du public. Madame sa femme (1) est toujours malade. L'air de Londres l'incommode : on avoit fait courir le bruit que le mari et la femme étoient mal ensemble; rien n'est plus faux. Je reçois des lettres, presque tous les ordinaires, de l'un et de l'autre; ils me paroissent dans une grande union : les inquiétudes qu'il a de la santé de sa femme, et celles qu'elle a de la sienne, ne ressemblent point à des gens mécontens. Adieu, madame. La certitude que j'ai de vos bontés me fait trop de plaisir pour vouloir en douter.

(1) Marie-Claire Deschamps de Marsilly, née à Passy le 9 septembre 1675, morte en Angleterre le 18 mars 1750. Elle avait épousé à Aix-la-Chapelle, vers 1720, Henri de Saint-Jean, vicomte de Bolingbroke, étant alors veuve de Philippe Le Valois, marquis de Villette, chef d'escadre, dont les *Mémoires* ont été récemment publiés par M. Monmerqué pour la Société de l'histoire de France.

LETTRE VII.

De Paris, 1727.

J'ai reçu la lettre que vous m'avez fait l'honneur de m'écrire ; je ne puis vous dire assez tout le plaisir qu'elle m'a fait. Je les montre à une seule personne, qui est très-curieuse de les voir, et qui partage le plaisir que j'ai de les lire : les bontés d'une personne comme vous la flattent comme moi-même, et il partage mes inquiétudes sur ce qui vous regarde. Vous êtes la première qu'il a plainte dans ce maudit arrangement du retranchement des rentes viagères. Je n'ai point été consolée de n'être pas la seule misérable dans cette occasion (1) ; il est toujours fort douloureux de voir ses amis malheureux. J'aurois, je vous jure, pris mon parti plus aisément, si vous aviez été privilégiée. Mon voyage de Pont-de-Veyle

---

(1) Goûtons l'unique bien des cœurs infortunés ;
    Ne soyons point seuls misérables.

    QUINAULT, *Thésée*, III, 7.

se confirme, et sera beaucoup plus long; mais, dans quelque pauvreté que je sois, je vous promets d'aller vous voir; ce sera un des bonheurs les plus vifs de ma vie; et, si jamais je me marie, je mettrai dans le contrat que je veux être libre d'aller à Genève quand il me plaira, et le temps que je voudrai. Madame de Tencin est toujours malade; mais j'ai grand'peur que madame sa sœur ne parte avant elle; sa cupidité augmente tous les jours. Ma santé est médiocre, et je maigris beaucoup, c'est pourtant le premier bien; elle fait supporter toutes nos peines; les chagrins l'altèrent, comme vous le prouvez, et ne font pas changer la fortune. D'ailleurs, il n'y a point de honte d'être pauvre, quand c'est la faute du destin et de la vertu. Je vois tous les jours qu'il n'y a que la vertu qui soit bonne en ce monde et en l'autre. Pour moi, qui n'ai pas le bonheur de m'être bien conduite, mais qui respecte et admire les gens vertueux, la simple envie d'être du nombre m'attire toutes sortes de choses flatteuses : la pitié que tout le monde a de moi fait que je ne me trouve presque pas malheureuse. Il me reste deux mille francs de rente tout au plus; j'envisage de me retrancher sans peine des choses qui me faisoient le plus de plaisir. Mes bijoux et mes diamans sont vendus; pour vous, madame, il y a long-temps que vous vous êtes détachée de tout cela. Si vous avez plus de chagrins, et que vous soyez plus à plaindre que bien d'autres, vous en êtes bien dédommagée par la satisfaction de n'avoir rien à vous reprocher : vous avez de la vertu, vous êtes aimée et estimée, et, par conséquent, vous avez plus d'amis. Conservez-les, madame, et votre santé; ce sont là les véritables trésors.

Madame de Parabère, ayant quitté son amant, a donné cette charge à d'Alincourt. M. de Nesle a plaisanté M. le prince de Conti (1) assez mal à propos; et, quoique le prince l'eût fait prier de se taire, il a continué; ce qui a mis en colère Son Altesse, qui a voulu lui jeter une assiette à la tête. M. de Nesle a fait des excuses, qui ont été assez mal reçues, puisqu'on lui a répondu que l'on avoit eu tort de se mettre en colère contre un poltron; que l'on devoit en agir avec lui comme avec un chien qui importunoit, et à qui l'on donnoit des coups de pied; que, s'il n'étoit pas content, il étoit partout et le trouveroit. Madame de Nesle avoit pour amant M. de Mont-

---

(1) Nous laissons subsister le nom du prince de *Conti*, ne sachant quel autre nom y substituer; mais on a vu ci-dessus, page 112, que le prince était mort dès le 4 mai 1727 : ne serait-ce ici qu'une version un peu différente de l'affaire, dont il a été question précédemment (p. 108), entre M. de Nesle et le prince de *Carignan?* Ce dernier nom, écrit en abrégé, aurait été mal lu.

morenci : c'étoit Rions qui avoit fait cette liaison ; il a jugé à propos de la rompre, et a donné à son ami madame de Boufflers; madame de Nesle, pour se venger, a donné le ridicule à Rions de lorgner la Reine ; ce dernier a été si piqué, qu'il est allé au Cardinal pour se justifier. Vous voyez à quoi nos belles dames et nos agréables s'amusent. M. le Duc se divertit comme un ange, à son tour, à Chantilli. Madame de Prie est reléguée dans ses terres, où elle perd les yeux ; elle se console en lisant le bel édit des rentes. Notre Roi est toujours constant pour la chasse. La Reine est grosse. Voilà les nouvelles de ce monde. Quelle différence de votre ville à Paris! L'innocence des mœurs, le bon esprit, y règnent : ici on ne la connoît pas.

Il est arrivé, depuis quelque temps, une petite aventure qui a fait beaucoup de bruit; je veux vous la mander. Il y a six semaines qu'Isez, le chirurgien (1), reçut un billet, par lequel on le prioit de se rendre l'après-midi, à six heures, dans la rue Pot-de-Fer, près du Luxembourg. Il n'y manqua pas; il trouva un homme qui l'attendoit, et le conduisit à quelques pas de là, le fit entrer dans une maison, ferma la porte dessus le chirurgien, et

---

(1) Isez (Jean-François), docteur régent de la Faculté de Médecine de Paris; mort à Paris en août 1755.

resta dans la rue. Isez fut surpris que cet homme ne l'emmenât pas tout de suite où on le souhaitoit. Mais le portier de la maison parut, qui lui dit qu'on l'attendoit au premier étage, et qu'il montât; ce qu'il fit. Il ouvrit une antichambre toute tendue de blanc; un laquais fait à peindre, vêtu de blanc, bien frisé, bien poudré, et avec une bourse de cheveux blanche, et deux torchons à la main, vint au-devant de lui, et lui dit qu'il falloit qu'il lui essuyât ses souliers. Isez lui dit que cela n'étoit pas nécessaire, et qu'il sortoit de sa chaise, et n'étoit point crotté. Malgré cela, le laquais lui répondit que l'on étoit trop propre dans cette maison, pour ne pas user de précaution. Après cette cérémonie, on le conduisit dans une chambre tendue aussi de blanc. Un autre laquais, vêtu de même que le premier, refit la même cérémonie des souliers : on le mena ensuite dans une chambre toute blanche, lit, tapisseries, fauteuils, chaises, tables et plancher. Une grande figure en bonnet de nuit et en robe de chambre toute blanche, et un masque blanc, étoit assise auprès du feu. Quand cette espèce de fantôme aperçut Isez, il lui dit : « J'ai le diable dans le corps, » et ne parla plus; il ne fit, pendant trois quarts d'heure, que mettre et ôter six paires de gants blancs, qu'il avoit sur une table à côté de lui. Isez fut effrayé; mais il le fut encore davantage, quand, parcourant des yeux la chambre, il aperçut plusieurs armes à feu; il lui prit un si grand tremblement, qu'il fut obligé de s'asseoir de peur de tomber. Enfin, craignant ce silence, il dit à la figure blanche ce que l'on vouloit faire de lui; qu'il le prioit de lui donner ses ordres, parce qu'il étoit attendu, et que son temps étoit au public. La figure blanche répondit avec sécheresse : « Que vous importe, si vous êtes bien payé? » et ne dit plus mot. Un quart d'heure s'écoula encore dans le silence : le fantôme enfin tire un cordon blanc de sonnette. Les deux laquais blancs arrivent; il leur demande des bandes, et dit à Isez de le saigner et de lui tirer cinq livres de sang. Le chirurgien, étonné de la quantité, lui demanda quel médecin lui avoit ordonné une pareille saignée. « Moi, » répondit la figure blanche. Isez, se sentant trop ému pour ne pas craindre d'estropier, préféra de saigner au pied, où il y a moins de risque qu'au bras. On apporta de l'eau chaude; le fantôme blanc ôte une paire de bas de fil blanc, d'une très-grande beauté, puis une autre, encore une autre, enfin jusqu'à six paires, et un chausson de castor doublé de blanc; alors Isez vit la plus jolie jambe et le plus joli pied du monde; il n'est point éloigné de croire que ce soit celle d'une femme. Il saigne; à la seconde palette, le saigné se trouve mal. Isez voulut lui ôter son masque, pour lui donner de l'air, les laquais s'y opposèrent : on l'étendit à terre; le chirurgien banda le pied pendant l'évanouissement. La figure blanche, en reprenant ses esprits, ordonna que l'on chauffât son lit; ce que l'on fit, et ensuite il s'y mit. Isez lui tâta le pouls, et les domestiques sortirent; il alla près de la cheminée pour nettoyer sa lancette, faisant bien des réflexions sur la singularité de cette aventure : tout-à-coup il entend quelque chose derrière lui, il tourne la tête, et voit, dans le miroir de la cheminée, la figure blanche qui vient à cloche-pied, et qui ne fait presque qu'un saut pour venir à lui; il fut saisi de frayeur; elle prit sur la cheminée cinq écus, les lui donna, et lui demanda s'il étoit content. Isez, tout tremblant, répondit que oui. — « Eh bien! allez-vous-en. » Le chirurgien ne se le fit pas dire deux fois; il prit ses jambes à son cou, et s'en alla bien vite; il trouva les laquais qui l'éclairèrent, et qui, de fois à autre, se tournoient et rioient. Isez, impatienté, leur demanda ce que c'étoit que cette plaisanterie. « Monsieur, lui répondirent-ils, avez-vous à vous plaindre? Ne vous a-t-on pas bien payé? Vous a-t-on fait quelque mal? » Ils le reconduisirent à sa chaise, et il fut transporté de joie d'être sorti de là. Il prit la résolution de ne point raconter ce qui lui venoit d'arriver; mais, le lendemain, on vint s'informer comment il se portoit de la saignée qu'il avoit faite à un homme blanc. Alors il raconta son aventure, et n'en fit plus mystère : elle a fait beaucoup de bruit; le Roi l'a sue, et le Cardinal se la fit raconter à Isez. On a fait mille conjectures qui ne signifient rien : je crois que c'est quelque badinage de jeunes gens qui se sont amusés à faire peur au chirurgien.

Je suis bien sincèrement, ma chère madame, toute à vous.

LETTRE VIII.

De Paris, 1727.

J'ai vu ce matin M. Tronchin (1), madame, qui m'a appris le testament de ce pauvre de Martine (2). Vous jugez avec quelle joie j'ai su qu'il vous laissoit une marque de son souvenir, aussi bien qu'à mademoiselle votre fille; il est mort comme il a

(1) Conseiller d'État à Genève.
(2) Daniel Martine, Genevois, envoyé extraordinaire du landgrave de Hesse-Cassel à Paris. Mort le 24 juillet 1727.

vécu, avec amitié et générosité pour ses amis. Son ami en a usé en honnête homme avec les parens du défunt. Je ne sais pas s'ils seront contens ; mais ce qu'il y a de très-sûr, c'est que c'est à lui qu'ils doivent ce que M. de Martine leur donne. Il n'étoit point content d'eux ; il ne leur devoit rien, puisqu'il n'avoit rien eu de patrimoine, et que c'étoit à sa bonne conduite et à ses talens qu'il devoit sa fortune. M Tronchin lui avoit rendu des services ; il étoit son ami. Est-il rien de plus juste que de faire du bien à ce que l'on aime, quand on est en état de le pouvoir faire ? J'ai vu beaucoup de gens qui disent que M. Tronchin étoit un sot de ne pas profiter entièrement de la bonne volonté de son ami. Mais il pensoit avec plus de délicatesse ; il a engagé M. de Martine à donner à sa famille : ce qu'il n'auroit sûrement pas fait, je le répète, sans lui. Il est mort âgé de soixante-dix-huit ans ; je le croyois plus vieux. Il a traité très-bien ses cousines ; il a donné une année de gages à ses domestiques : il me semble que ce n'est pas assez.

Nous reparlons de Pont-de-Veyle plus que jamais, et même l'on assure que l'on y passera l'hiver. Si cela étoit, quelque ennui que j'aurois d'être si long-temps absente, si je vous voyois, je serois contente et prendrois mes peines avec joie. Je n'assure rien, car la volonté de madame de Ferriol est comme une mer agitée. Je voudrois bien être à cette campagne où vous vivez avec tant d'innocence, de pureté et de contentement : je n'ai cru y être que pour me désespérer de n'y être pas. Je voudrois que vous eussiez une petite ménagerie. Quand j'y serai, sûrement je vous en ferai faire une; rien n'est plus amusant. Ne jouez-vous plus au quadrille? Pour moi, je l'ai absolument abandonné. J'ai passé quatre jours à la campagne; je m'y suis baignée : c'étoit justement les jours les plus chauds. Avez-vous une rivière près de votre campagne?

Nous n'avons point de nouvelles, sinon la grossesse de madame de Toulouse, et le bon mot du Roi sur l'histoire d'Henri IV, qu'il vient de lire. On lui a demandé son sentiment là-dessus; il a répondu que tout ce qui lui avoit plu davantage dans la vie d'Henri, c'étoit son amour pour son peuple. Dieu veuille qu'il le pense et qu'il le suive! L'argent est encore bien rare; mais une chose qui l'est furieusement et que vous n'avez jamais vue, c'est que le premier ministre est fort approuvé. C'est le plus honnête homme du monde, qui est certainement occupé du bien de l'État. Enfin, nous avons un premier ministre estimable, désintéressé, et dont l'ambition n'est que de remettre les affaires en ordre. Les premiers moyens ont été durs; mais la suite fait bien voir qu'il n'a pas pu faire autrement.

Il a vaqué un gouvernement : la ville payoit six mille livres d'augmentation qu'il a retranchées; et, à l'avenir, il n'y en aura plus de nouvelles, il remettra les choses sur l'ancien pied. Il a ôté le cinquantième (1), et a remis deux millions cent mille livres sur les tailles. Tout cela prouve un ministre qui veut rendre les peuples heureux. Dieu veuille qu'il vive assez long-temps pour mettre en exécution ses bonnes intentions! Je ne lui trouve qu'un défaut, c'est de vous avoir retranché vos rentes viagères. Vous n'avez partagé que le mal qu'il a fait, et vous ne pouvez jouir du bien : mais c'est votre malheureuse destinée : ne cessera-t-elle jamais de vous persécuter?

Proserpine ne réussit pas : on trouve cet opéra beau, mais trop triste; on ne le jouera pas long-temps. On joue deux fois la semaine *les Élémens*, et deux fois *Proserpine*. La Pellissier est guérie; elle étoit devenue folle, les uns disent de sa prodigieuse réussite, les autres de ce qu'on l'avoit soupçonnée de galanterie, faisant profession d'être sage. Nous avons une pièce à la Comédie-Française, intitulée

(1) Une déclaration du Roi, en date du 5 juillet 1725, avait ordonné la levée du cinquantième du revenu de tous les biens pendant douze années. Cet impôt fut supprimé par une autre déclaration du 7 juillet 1727.

le Philosophe marié, qui est très-jolie, et qui a eu une réussite prodigieuse : toutes les loges sont louées pour la onzième représentation (1). L'auteur est Destouches. On dit que c'est sa propre histoire : aussitôt qu'on l'imprimera, je vous l'enverrai. On trouve que Quinault joue bien : pour moi, je ne suis pas de cet avis. Imaginez voir M. Berthier; même attitude, mêmes gestes; en un mot, il n'y a de différence que la voix qui est plus forte. Mademoiselle votre fille se seroit prise d'aversion pour *le Philosophe marié*.

On est ici dans la fureur de la mode pour découper des estampes enluminées, tout comme vous avez vu que l'on a été pour le bilboquet. Tous découpent, depuis le plus grand jusqu'au plus petit. On applique ces découpures sur des cartons, et puis on met un vernis là-dessus. On fait des tapisseries, des paravents, des écrans. Il y a des livres d'estampes qui coûtent jusqu'à deux cents livres, et des femmes qui ont la folie de découper des estampes de cent livres pièce. Si cela continue, ils découperont des Raphaël. Je suis déjà vieille : les modes ne pren-

---

(1) La onzième représentation du *Philosophe marié* fut donnée le 7 mars 1727. Ce passage de la lettre de Mlle Aïssé est donc antérieur au commencement qui doit dater, au plus tôt, du 24 juillet.

nent plus subitement sur moi. Adieu, madame, permettez que j'embrasse M. votre mari et mademoiselle votre fille. Je suis lasse d'écrire tant de nouvelles qui sont indifférentes à toutes deux.

Je vous envoie une lettre du marquis de La Rivière à mademoiselle des Houlières, et la réponse. On a trouvé l'une et l'autre très-jolies.

Lettre du marquis de La Rivière à mademoiselle des Houlières.

Fille d'un aigle, aigle vous-même,
Qui n'avez point dégénéré,
Dont partout le mérite extrême
Est si justement révéré
Qu'on s'honore quand on vous aime ;
Aimable interprète des dieux,
Qui parlez si bien leur langage,
Et qui portez dans vos beaux yeux
Et leur douceur et leur image,
Recevez ce petit hommage
Que je vous offre tous les ans.
C'est un tribut de sentimens
Qui ne convient pas à mon âge.
Les bienséances me l'ont dit :
Les amours et les vers sont faits pour la jeunesse ;
Mais le feu de mon cœur, qui soutient mon esprit,

Amuse et trompe ma vieillesse.
Faites-moi seulement crédit
D'agrémens et de gentillesse;
Contentez-vous du fond de ma tendresse.
Il en est de ce que je sens
Comme des tableaux d'un grand maître,
Dont la beauté ne fait que croître
Et redoubler de force à la longueur du temps.
Votre vertu n'est pas commune;
Vous aimez à faire du bien :
Donnez mes yeux à la Fortune,
Il ne vous manquera plus rien.

Réponse de mademoiselle des Houlières.

Demeurez dans votre hermitage;
. . . .
Je crains ce dangereux hommage
Qu'avec soin vous m'offrez ici :
Pour la tendresse il n'est point d'âge,
Vous le sentez et je le sens;
Ceci n'est point un badinage :
Vous de retour, nos cœurs sympathisans,
L'homme prudent, la fille sage,
Tous peut-être feroient naufrage :
Demeurez dans votre hermitage.

Le traître Amour, qui vous engage,

Ne doit pas être méprisé ;
Avec lui naturalisé,
Les belles de son apanage
Vous ont, dans tous les temps, si bien favorisé,
Que tout de vous me fait ombrage :
Demeurez dans votre hermitage.

Vous parlez un certain langage
Qui porte au cœur, qui fait penser,
Et qui semble être un sûr présage
Que de ses traits le dieu volage
Est prêt encore à me blesser :
Demeurez dans votre hermitage.

Ah ! s'il avoit eu l'avantage,
Du séjour de l'heureuse paix
Que penseroit dame dont les attraits
Auroient soumis le cœur le plus sauvage,
Dame dont les beaux vers ne périront jamais,
Et dont le nom est tout mon héritage ?
Car vous savez que pas un de ses traits
Ne gît en mes écrits, non plus qu'en mon visage,
Et que je n'ai pour tout partage
Que les yeux doux qu'elle m'a faits ;
Pour ne les point mettre en usage,
Demeurez dans votre hermitage.

LETTRE IX.

De Paris, août 1727.

J'ai reçu avant-hier la lettre que vous m'avez fait l'amitié de m'écrire; vous trouverez dans celle-ci tout ce que vous me demandez. Je vais commencer par les nouvelles de Paris. La Reine est accouchée de deux princesses (1) : il est bien fâcheux, madame, que dans le nombre il n'y ait pas un garçon. Tout Paris étoit dans une grande joie quand on sut qu'elle étoit en travail; la joie fut bien modérée quand on apprit la naissance de deux filles : on s'étoit trompé de six semaines. Le Chancelier arrive de son exil; il n'a pas encore les sceaux. M. le prince de Carignan est toujours amoureux de la Antier; cette créature s'est engouée de M. de

(1) De ces deux princesses, nées le 14 août 1727, l'aînée, Louise-Élisabeth, épousa, le 20 août 1739, l'infant don Philippe, duc de Parme en 1749, et mourut le 6 décembre 1759. La seconde, Anne-Henriette, mourut à Versailles le 10 février 1752, sans avoir été mariée.

La Popelinière, fermier-général, homme d'esprit, faiseur de chansons, et d'ailleurs assez laid. M. de Carignan s'étoit lié d'amitié avec lui, comme les maris font avec les amans de leurs femmes; mais le prince est Italien, par conséquent clairvoyant, et jaloux outre mesure. Il y a quelques jours qu'il alla prier la Antier de venir à une petite maison qu'il a au bois de Boulogne; elle y consentit, mais elle voulut que M. de La Popelinière fût de la partie. Ce dernier ne vouloit point; il se fit long-temps prier par le prince, qui le persuada enfin d'y venir; il y eut pendant le souper plusieurs lorgneries qui furent aperçues du prince, et qui le mirent de très-mauvaise humeur. On alla bientôt après se coucher, et comme la maison est très-petite, et qu'il n'y avoit que deux lits, la Antier coucha avec le prince, et La Popelinière dans une chambre à côté. La demoiselle voulut bien faire les honneurs de chez elle, et alla trouver son voisin, quand le prince fut endormi. M. de Carignan s'étant réveillé, et voyant que sa tourterelle s'étoit envolée, ne fit pas grand chemin pour la retrouver; il eut la constance de s'entendre dire les choses du monde les plus outrageantes; on le traita de sot. Bien des gens prétendent que le greluchon La Popelinière étoit muni de deux pistolets dont il se servoit pour tenir en respect le pauvre abandonné, qui, furieux, désespéré, retourna à Paris, et débarqua chez sa femme; et, comme il avoit le cœur très-ulcéré, il lui raconta ce qui venoit de lui arriver. Elle lui dit qu'il y avoit long-temps que cette créature le rendoit malheureux, et qu'il falloit faire un exemple pour châtier de pareilles gens; qu'elle lui demandoit la permission d'en faire des plaintes et d'avoir une lettre de cachet pour la faire enfermer dans une maison de force. Le prince étoit trop en colère pour n'y pas consentir. La princesse ne perdit point de temps, elle partit pour Versailles, et obtint du Cardinal la lettre de cachet; envoya là-dessus arrêter la donzelle qui fut dans un désespoir inconcevable. Elle avoit quarante mille livres en or chez elle, qu'elle vouloit emporter; mais on ne lui laissa prendre que trois cents livres, et on la mena à Sainte-Pélagie, où elle est actuellement. Le prince est désespéré de ne la plus voir; il a fait tout au monde pour la faire sortir de là, et pour se venger de La Popelinière et le faire mettre à la Bastille; mais il n'en a pas eu le crédit : on l'a seulement engagé d'aller faire un petit tour dans son département, qui est la Provence.

Voici encore une aventure, mais qui est plus tragique. Un gentilhomme, du côté de Villers-Cotterets, allant d'un endroit à un autre, à cheval avec son valet, fut attaqué dans un bois par un jeune homme qui lui demanda sa bourse où il y avoit cinquante louis, sa montre, avec un cachet d'or, lui prit ses deux chevaux, et le laissa aller à pied, assez embarrassé de ce qu'il feroit. En marchant, il aperçut une maison qui avoit belle apparence; il envoya son laquais pour s'informer qui l'habitoit; il apprit avec joie que c'étoit un officier avec lequel il avoit long-temps servi, et qui étoit son bon ami; il se trouva heureux dans sa disgrâce de rencontrer justement son camarade qu'il connoissoit pour un parfait honnête homme; il en fut très-bien reçu : ils parlèrent de la malheureuse aventure qui leur avoit procuré le plaisir de se revoir; le maître de la maison offrit sa bourse et sa personne à son ami. Quelques momens avant le souper, un jeune homme entra, que le gentilhomme reconnut pour être celui qui l'avoit dévalisé, et il fut bien surpris quand l'officier le lui présenta comme son fils; il ne dit mot, et se retira d'abord après souper dans sa chambre. Son laquais, très-effrayé, lui dit : « Monsieur, nous sommes dans un coupe-gorge; le fils de la maison est notre voleur, et nos chevaux sont dans l'écurie. » Le gentilhomme lui défendit de parler, et, avant que personne fût levé dans la maison, il alla dans la chambre de son ami, et le réveilla en lui disant que c'étoit avec une grande douleur qu'il se trouvoit obligé de lui apprendre que son fils étoit le même homme qui l'avoit dévalisé la veille; qu'il avoit cru, après s'être consulté, qu'il valoit mieux lui apprendre le détestable métier de son fils, que s'il venoit à en être informé par la Justice; ce qui ne pouvoit manquer tôt ou tard d'arriver. Le désespoir du père fut inconcevable; la surprise, la douleur, lui donnèrent un si violent saisissement qu'il s'évanouit; ensuite, l'emportement, la fureur succédant, il monte à la chambre de son fils, qui dormoit, ou feignoit de dormir; il trouve sur sa table la montre et le cachet où étoient les armes de son ami. Le fils entend le bruit; effrayé, il se lève, veut s'enfuir. Des pistolets se trouvent sur la table; le père, troublé par la colère, en prend un, tire, et tue son malheureux fils. Il est venu tout de suite demander sa grâce : tout le monde a été d'avis qu'on la lui donnât. Le cas est excusable dans le premier mouvement d'une colère aussi légitime. Un honnête homme trouvant dans son fils un voleur de grand chemin est un chagrin si vif, que la tête lui en peut bien tourner.

Madame de Ferriol compte toujours d'aller à Pont-de-Veyle; mais, comme elle ne veut y rester que six semaines, je ne l'accompagnerai pas; cela ne valût pas la peine. Il y a cinq ou six mariages pour notre ami (1), mais l'on voudroit fort avoir la dot et point avoir de femme. Je ne vois plus Berthier; l'ambition le poignarde; il poursuit l'ambassade de Constantinople; les Turcs sont trop simples pour goûter l'air empesé de notre ami.

Le chevalier est parti pour le Périgord où il compte être cinq mois. Vous serez bien étonnée, madame, quand je vous dirai qu'il m'a offert de m'épouser : il s'expliqua hier très-clairement devant une dame de mes amies. C'est la passion la plus singulière du monde : cet homme ne me voit qu'une fois tous les trois mois; je ne fais rien pour lui plaire; j'ai trop de délicatesse pour me prévaloir de l'ascendant que j'ai sur son cœur; et, quelque bonheur que ce fût pour moi de l'épouser, je dois aimer le chevalier pour lui-même. Jugez, madame, comme sa démarche seroit regardée dans le monde, s'il épousoit une inconnue et qui n'a de ressources que la famille de M. de Ferriol. Non : j'aime trop sa gloire, et j'ai en même temps trop de hauteur pour lui laisser faire cette sottise. Quelle confusion pour moi d'apercevoir tous les discours que l'on tiendroit! Pourrois-je me flatter que le chevalier pensât toujours de même à mon égard?

(1) M. d'Argental.

Il se repentiroit assurément d'avoir suivi sa folle passion, et moi je ne pourrois survivre à la douleur d'avoir fait son malheur, et de n'en être plus aimée. Il me tint les propos du monde les plus tendres, les plus passionnés et les plus extravagans; il finit par me dire qu'il avoit dans la tête que, d'une façon ou d'une autre, nous vécussions ensemble. Je parus étonnée de ce propos, et lui en dis mon sentiment; il se fâcha, et m'assura que, quand il disoit cela, il ne prétendoit pas m'offenser, ni avoir des desseins malhonnêtes sur moi; qu'il vouloit dire que, si je voulois l'épouser, j'en étois la maîtresse; mais qu'autrement, il croyoit que nous pouvions bien, quand nous serions sans conséquence l'un et l'autre, passer le reste de nos jours ensemble; qu'il m'assureroit une grande partie de son bien; qu'il étoit mécontent de ses parens, à l'exception de son frère, à qui il donneroit honnêtement pour qu'il fût content; et, pour me faciliter d'accepter sa proposition, il me dit que nous ferions cession au dernier vivant de nos biens. Je badinai beaucoup sur mes vieux cotillons qui sont tout l'héritage que je pouvois assurer. Notre conversation finit par des plaisanteries. Adieu, madame, je suis lasse d'écrire; je vous suis dévouée bien tendrement.

LETTRE X.

De Paris, 1727.

La Fortune est aveugle, et n'aime que les vilains. Si elle m'avait donné les cent mille écus qu'elle prodigue à madame votre cousine, j'aurois fait un meilleur usage qu'elle de ce bien. Que de plaisirs je me procurerois! Vous seriez ici, madame, avec monsieur votre mari et mademoiselle votre fille; je vous verrois heureux, et ce seroit par mon moyen : et, comme je sais les liens qui vous retiennent à Genève, je ferois faire une litière bien fermée, bien étoffée, bien commode : j'y mettrois qui vous savez(1). Je l'amènerois ici, je lui procurerois des plaisirs qui lui feroient oublier le pays natal. Nous rassemblerions les gens célèbres de toute espèce, de tous talens, pour le divertir : s'il falloit même quel-

(1) Un parent vieux et riche dont Mme Calandrini devait hériter. — Peut-être M. de Cambiac; voy. ci-après, lettre XVIII.

ques jolis visages, je ferois l'effort de lui en chercher. Voilà un vilain métier, mais,

> Quand on obtient ce qu'on aime,
> Qu'importe à quel prix (1)?

Voilà ce que je ferois du bien de madame votre cousine. Pour parler d'autre chose, M. le duc de Gesvres est malade, il fait de très-grands remèdes. Il est à Saint-Ouen, où toute la France va le voir: il est dans son lit garni de rubans et de dentelles; les rideaux sont relevés, des fleurs répandues sur son lit, des découpures d'un côté, des nœuds de l'autre; et, dans cet équipage, il reçoit tout le monde. Vingt courtisans entourent son lit, et son père et son frère font les honneurs à la grande compagnie. Il y a toujours deux tables de vingt couverts chacune, et quelquefois trois : M. d'Épernon (2) y est à demeure. On a établi des habits verts pour les complaisans, c'est-à-dire qu'avec habit, bas, souliers, chapeau verts, on peut avoir toutes les plus familières entrées chez M. le duc:

---

(1) FONTENELLE, *Bellérophon*, IV, 1.

(2) Louis de Pardaillan de Gondrin, duc d'Épernon, fils de Louis de Pardaillan, marquis de Gondrin, et de Marie-Victoire-Sophie de Noailles (voy. ci-après, lettre xv), né le 9 novembre 1707, marié le 29 octobre 1722 à Françoise-Gillone de Montmorency-Luxembourg. Mort à Paris le 9 décembre 1743.

il y a une trentaine d'habits verts de distribués. Le Roi a dit, sur cela, qu'il n'y avoit qu'à changer les justaucorps en robes de chambre, que l'habillement d'ailleurs seroit plus commode, ne se portant pas trop bien tous, et qu'ils seroient précisément comme à la Charité, où ils sont habillés de vert. Il y a quelques jours qu'une personne de ma connoissance y alla, et trouva le maître de la maison, sur une duchesse d'étoffe verte, la robe de chambre verte, un couvre-pied d'une broderie admirable en vert, un chapeau gris bordé de vert, avec le plumet vert et un gros bouquet de rue sur lui, faisant des nœuds. Le duc d'Épernon s'est pris de fantaisie pour la chirurgie : il saigne et trépane tout ce qui se rencontre. Un cocher, l'autre jour, se cassa la tête : il le trépana. Je ne sais s'il auroit pu réchapper, mais ce qu'il y a de sûr, c'est que le pauvre homme fut bientôt expédié avec un pareil chirurgien. Ce n'est pas tout : ils ont voulu se procurer des fêtes champêtres; et M. le duc de Gesvres a doté une fille. M. d'Épernon souhaita de saigner le mari la nuit de ses noces : ce pauvre misérable ne le vouloit point; et, pour obtenir de lui de se laisser saigner, M. le duc de Gesvres lui donna cent écus. Voilà, madame, ce qui se passe sous nos yeux, à la face de tout l'univers, et sous un gouvernement très-sévère. Cependant on ne peut pas dire que les deux chefs ne soient très-sages, et même pieux. Il n'est pas possible que l'on ignore toutes ces vilenies; et tout ce qu'il y a de plus grand, de plus raisonnable, fait la cour assidûment à ce monstre; et, pour excuser leurs bassesses, ils disent que cet homme est officieux et pense noblement. Ceux qui sont bien instruits savent qu'il dessert bien mieux qu'il ne sert, et qu'il est généreux du bien de ses créanciers et de l'argent d'un jeu qui est une chose ridicule dans un royaume. Ma bile s'échauffe; je vous en demande pardon. Pour la cour, elle est très-édifiante : on ne donne point de scène au public.

Voulez-vous cependant que je vous parle des gens de votre connoissance? M. de Ferriol est toujours le meilleur homme du monde; sa santé est de même, ses affaires aussi : toujours dans une indifférence parfaite; mais il n'est point indifférent sur les molinistes; il est d'un zèle outré pour eux. C'est avec fureur qu'il est passionné sur ce sujet. Il se met dans de grands emportemens quand il trouve quelqu'un qui ne pense pas comme lui. Il est occupé de cela au point de n'en pas dormir. Il sort à huit heures du matin pour faire part de ses réflexions, ou de quelques riens qu'il aura ramassés; c'est à faire mourir de rire. Pour madame de Ferriol, sur cet article elle est très-raisonnable :

elle n'en parle que très-convenablement; mais, d'ailleurs, toujours les mêmes agitations. Elle est comme vous l'avez laissée, à la pesanteur près qui a beaucoup augmenté : les mêmes incertitudes, et ne pouvant souffrir que les autres sachent se déterminer : le petit chien par-dessus tout, qui s'enfuit quand elle l'appelle; et son vieux laquais, qui est toujours insolent et de mauvaise humeur, et qui la traite comme une misérable, jusqu'à lui dire qu'elle ne sait ce qu'elle dit ni ce qu'elle fait. Je suis prête à lui jeter un chenet à la tête, et elle souffre ses impertinences avec une patience à impatienter. Je crois, je vous jure, qu'il me battroit s'il ne me craignoit pas. Pour les autres domestiques, ils sont très-mécontens d'être toujours grondés; mais ils ont pour elle le respect qu'ils lui doivent, et c'est la raison pourquoi elle est toujours après eux. Ils pleurent souvent, et je les console de mon mieux. Pour ses enfans, c'est toujours de même. On ne se plaint jamais de l'un (1); il fait tout ce qu'il veut. Sa santé est délicate. C'est un très-bon garçon, qui a de l'esprit et de la finesse dans l'esprit, qui est aimé et qui mérite de l'être. D'Argental est fort occupé; il fait son métier avec application. Il est tout le matin au Palais; il tra-

(1) M. de Pont-de-Veyle.

vaille, après dîner, jusqu'à cinq heures. Les spectacles sont ses plus grands amusemens. Il n'est pas, je crois, amoureux, et pense plus en homme qui connoît le monde qu'il ne le faisoit. Il est toujours poli avec les femmes, et point du tout gâté dans les propos. M. et madame Knight ont la fièvre tour à tour. La femme, à ce que je crois, aime mieux le mariage que son mari (1). Elle est très enfant gâté; elle n'aime pas à être contrariée. Tout ce mariage-là n'a pas l'air de durer long-temps. Elle pleure souvent, et, comme son mari est encore amoureux, elle a toujours raison. J'ai bien peur qu'elle ne lui donne du fil à retordre. N'allez pas dire ce que je vous dis là; mais madame votre sœur (2) a eu grand tort de gâter sa fille. Elle en auroit fait quelque chose de bon, si elle lui avoit donné une bonne éducation; mais elle l'a rendue insupportable. Elle ne connoît que sa volonté et ses goûts, et, quand quelque chose s'y oppose, l'emportement, le mépris et la déraison s'emparent ab-

---

(1) Prédiction qui s'est confirmée. C'était une femme de beaucoup de génie, d'esprit, et très instruite. Elle parlait plusieurs langues; elle était sœur du fameux milord Bolingbroke. — (Note de Voltaire.)

(2) Angélique Pellissary, seconde femme de Henri, vicomte de Saint-Jean, et belle-mère de Bolingbroke.

solument d'elle. En vérité, c'est dommage, car elle étoit faite pour être aimable.

Madame de Tencin a de temps en temps la fièvre. On dit pourtant qu'elle est fort engraissée. Je continue à ne la point voir, et je crois que ce sera pour la vie, à moins que l'archevêque (1), à son retour, ne le veuille. Je suis pourtant bien résolue à tenir bon. C'est une grande satisfaction pour moi de n'avoir point ce devoir pénible à remplir, et, d'ailleurs, plus de tracasseries; car il y en a toujours quand on se voit et qu'on se déteste. Je ne vois plus M. Berthier. A la vérité, je suis rarement au logis : il s'est rebuté d'y venir inutilement. Nous allons passer une partie de ce mois à Ablon. Je suis accablée de rhumatismes et de fluxions, et suis désespérée que vous ne voyiez point ma chambre. Vous ne la reconnoîtriez pas; elle est si jolie, et de plus ornée pour ce que c'est, car il n'y a rien de magnifique que la jatte que vous m'avez donnée. La Mésangère, qui vint l'autre jour, me dit: « Vous avez de bien belles porcelaines, et entr'autres cette jatte. » Mes meubles sont tous des plus simples, mais faits par les meilleurs ouvriers. On la vient

---

(1) Pierre Guérin de Tencin, archevêque d'Embrun, frère de Mmes de Ferriol et de Tencin. Nommé cardinal le 23 février 1739. Mort à Lyon le 2 mars 1758.

voir par curiosité. J'ai bien envie, à votre exemple, de gronder ceux qui y crachent. Voilà une grande et ennuyeuse lettre. Recevez mes plus tendres embrassemens.

LETTRE XI.

De Paris, 10 juin 1728.

On dit enfin que nous irons à Pont-de-Veyle. Madame de Ferriol a toutes les peines du monde à s'y déterminer : tous les projets qu'elle avoit faits sont rompus. Premièrement, son mari avoit un procès qui devoit se juger incessamment, et il a été remis à l'année prochaine; ensuite, elle a dit que jamais son mari ne voudroit venir avec elle, et que, pendant son absence, il dépenseroit beaucoup. Il l'a assurée qu'il l'accompagneroit, soit dans la diligence, soit dans une chaise de poste, tout comme elle le souhaiteroit. Ensuite, elle a dit qu'elle ne vouloit point partir qu'elle ne sût si miladi Bolingbroke ne viendroit point cet été. Madame Bolingbroke lui a mandé qu'elle ne comptoit de venir qu'au commencement de l'hiver, et que, si elle n'étoit pas à Paris, elle remettroit son voyage à l'été prochain. Enfin, il a fallu chercher quelque autre raison. Elle a dit qu'elle n'avoit point d'argent. M. son frère lui en a offert. La voilà, comme vous voyez, à quia. Elle a paru se rendre; mais elle veut, avant que de partir, prendre les eaux de Balaruc : elles ne sont pas arrivées; ainsi cela renvoie. Je crois qu'il faudra qu'à la fin elle se décide. Tout le monde est excédé de ses incertitudes. Le vrai de ses difficultés, c'est qu'elle ne voudroit point quitter le maréchal (1), qui ne s'en soucie point, et ne feroit pas un pas pour elle. Mais elle croit que cela lui donne de la considération dans le monde. Personne ne s'adresse à elle pour demander des grâces au vieux maréchal. Elle est très-souvent seule; ses affaires sont toujours très-délabrées, elle ne paie point, elle ne fait aucune dépense, elle est d'une avarice et d'un dérangement inconcevables. Je suis obligée de me rappeler, cent fois le jour, le respect que je lui dois. Rien n'est plus triste que de n'avoir, pour faire son devoir, que la raison du devoir.

(1) Nicolas du Blé, marquis d'Uxelles, ministre d'État et maréchal de France; né à Chalon-sur-Saône le 24 janvier 1652, mort à Paris le 10 avril 1730.

Le chevalier est toujours malade; il m'a paru un peu moins oppressé. Je tremble de le quitter, mais je dois accompagner madame de Ferriol dans l'état où elle est. Il faut absolument la déterminer à prendre les eaux de Bourbon, et elle ne les prendra jamais si elle ne va pas à Pont-de-Veyle. Le devoir, l'amour, l'inquiétude et l'amitié combattent sans cesse mon esprit et mon cœur : je suis dans une cruelle agitation, mon corps succombe, car je suis accablée de vapeurs et de tristesse; et, s'il arrive malheur à cet homme-là, je sens que je ne pourrai supporter cet horrible chagrin. Il est plus attaché à moi que jamais; il m'encourage à remplir mon devoir. Quelquefois je ne puis m'empêcher de lui dire que, s'il étoit plus mal, il me seroit impossible de le quitter; il me gronde, et il ne veut absolument point que j'imagine rien qui s'éloigne de ce devoir : il m'assure qu'il n'y a rien dans le monde qui m'excusât si je restois ici quand madame de Ferriol va à cent lieues : il ne l'aime point; mais il a ma réputation à cœur. Pardonnez toutes ces foiblesses à votre pauvre amie.

J'avois laissé ma lettre; j'ai eu mille ennuis. Le chevalier est toujours très-incommodé. Je vous avoue que je suis dans de furieuses transes pour lui. Je crains qu'à la fin la suppuration des poumons ne se fasse; je n'ose faire des réflexions sur cela, et je n'ose même en parler; mais mille idées funestes me suivent sans cesse malgré moi : rien ne me console. Je n'ai personne à qui je puisse ouvrir mon cœur. Quel malheur pour moi que votre absence ! Si je vous avois, vous me soutiendriez, vous me donneriez des forces; et peut-être vos conseils, mes remords, et l'amitié que j'ai pour vous, madame, me donneroient assez de courage pour surmonter une passion que ma raison n'a pu vaincre, mais qu'elle condamne.

Madame de Tencin a toujours la fièvre. Elle a été quinze jours sans en avoir : elle se croyoit guérie et avoit pris le ton de se plaindre de tout le monde, et surtout du chevalier, mais d'une façon si violente, que madame Lambert, à qui elle en parla, le dit au chevalier, qui la pria de dire à madame de Tencin que jamais il n'avoit parlé d'elle, que rien n'étoit plus faux, qu'il n'étoit point de ceux qui accablent les malheureux, et que, comme il ne la connoissoit point, il auroit été dans le droit du public pour causer sur l'aventure de La Frenais (1),

---

(1) La Frenais, amant de Mme de Tencin, qui, dit-on, l'avait ruiné; il se tua dans son cabinet. Il disait dans son testament que, s'il mourait de mort violente, c'était elle qu'on devait en accuser. Elle fut mise au Châtelet, dont elle sortit justifiée. — (Note de Voltaire.)

mais qu'il ne l'avoit pas fait, en partie par égard pour madame sa sœur et pour moi. Madame de Tencin dit à madame de Ferriol qu'il étoit fort singulier qu'étant chez elle je ne vinsse pas savoir de ses nouvelles, et qu'elle ne m'avoit vue qu'une fois depuis six mois; qu'elle me dispensoit très-fort d'y venir; qu'elle ne me laisseroit entrer que quand je serois avec elle; mais que, si je venois seule, elle avoit donné ses ordres pour que l'on me refusât sa porte. Je me le suis tenu pour dit, et je ne m'exposerai pas à m'entendre dire mille injures. Je m'en soucie si peu, que je bénis ce noble courroux contre moi. Je n'irai point à Pont-de-Veyle : madame dit qu'elle veut y aller pour trois semaines seulement pour régler quelques affaires. J'en suis fâchée à cause de vous. J'aurois eu le plaisir de vous embrasser, et j'aurois vendu jusqu'à ma dernière chemise pour cela; sûrement je vous verrai plus tôt ou plus tard. Madame radote plus que jamais; elle vient de prendre les eaux de Balaruc : on lui a fait une ample saignée. Je crains infiniment pour elle. Ses radotages m'impatientent, car ils sont extrêmes; mais, quand je fais un moment de réflexions, ma reconnoissance se réveille bien vivement. Je suis entourée de chagrins, et je ne vous ai plus pour me consoler. Le chevalier est toujours très-incommodé, il est d'un changement horrible. Vous jugez de mon inquiétude : son attachement est toujours plus fort. A propos, j'ai fait deux grandes pertes, une bague que je vous avois destinée en cas de mort : c'est un petit cachet, avec un jonc de diamant, que j'aime beaucoup; et l'autre perte, c'est mon chien, ce pauvre Patie, à qui vous aviez donné une loge. On me l'a volé; il étoit toujours à la porte pour attendre les gens du chevalier, qu'il aime passionnément. Je ne puis vous dire le chagrin que j'ai eu de la perte de ce joli animal. Je souhaite bien me mettre dans la suite hors de l'inquiétude de devoir qui me bourrelle sans cesse. J'ai essuyé un petit malheur; j'avais vendu mes boucles de diamans dix-huit cents livres pour acheter trois actions que je voulois garder pour qui vous savez (1). Je ne doute point que le dividende ne fût fort; elles étoient à six cent cinquante livres. Comme j'étois prête à les acheter, madame de Ferriol eut besoin de mille francs. Je les lui prêtai, comptant, comme elle me le disoit, qu'elle me les rendroit deux jours après. Il y a six mois, et les actions ont monté à onze cent cinquante livres; elles sont actuellement à mille. Jugez : j'aurois gagné, en les vendant, mille écus, et aurois payé quelques-unes de mes dettes. Ainsi, ma destination

---

(1) Sa fille.

est à vau-l'eau. Je paie quelques bagatelles avec les six cents livres qui me restent. Il faut se consoler des pertes de la fortune. Il y a des gens qui valent mieux que moi, qui sont bien plus à plaindre. Cette consolation est cruelle, quand ces gens-là sont nos amis.

M. Berthier vous aime beaucoup, mais il a été si occupé de la perte de madame de M...., qui étoit sa bonne amie et la plus impertinente de toutes les femmes, qu'il n'a pu se donner au reste de ses amis. Il est rempli de très-bons procédés à l'égard de madame de Ferriol. Il songeoit à l'ambassade de Constantinople depuis long-temps; il n'étoit point éloigné de l'avoir : quand il a su que M. de Pont-de-Veyle y songeoit, sans le dire à aucun de nous, il est allé chez MM. de Maurepas et de Morville, à qui il a dit qu'il ne pensoit à l'ambassade qu'au cas que M. de Pont-de-Veyle n'y pensât pas, et que, comme il venoit d'apprendre que son ami en avoit envie, il y renonçoit, le croyant plus capable que lui; qu'il avoit beaucoup d'esprit, et de plus l'expérience de son oncle, dont la mémoire étoit chère dans ce pays-là. Il est venu dîner chez nous, et il nous a laissé ignorer son bon procédé. M. de Pont-de-Veyle l'a su de M. de Maurepas. Je partage bien la reconnoissance qu'on lui doit; mais cela ne passera jamais l'estime. Dites-le bien à mademoiselle votre fille, qui me soutenoit une fois que je l'aimerois un jour.

Parlons un peu de M. d'Argental. C'est le plus joli garçon du monde; ses yeux sont bien ouverts; il remplit tous les devoirs du sentiment; il n'est plus amoureux; il est tout à ses amis; il est toujours constant pour les petits pâtés, et nous mourons de faim. La cuisine est si froide, que cela va de mal en pire : il n'y a plus rien à retrancher de la première table; car nous n'avons rien, non, rien du tout. On commence à retrancher de celle des domestiques, et je ne doute pas que l'on ne vienne à faire comme cet homme qui prétendoit que son cheval pouvoit vivre sans manger, et qui commença par diminuer la moitié de ce qu'il lui donnoit : quelques jours après, la moitié de l'autre moitié; et ainsi du reste : le pauvre animal creva; ainsi ferons-nous. Voilà une bien grande lettre; vous aurez de la peine à la déchiffrer : la tête me tourne; car je crois que, sans cela, je remplirois bien encore des feuilles. Vous ne dites rien, madame, de *Gulliver*. Mes respects à vous, et à tout ce qui vous appartient.

LETTRE XII.

De Paris, 13 août 1728.

Madame votre fille, madame, m'a dit le risque que vous aviez couru, qui m'a effrayée comme si j'en avois été témoin. L'effroi ne vous a-t-il point fait de mal? Comment vous portez-vous? Faites-moi la grâce de m'écrire. Madame votre fille, madame Knight et moi, nous parlons souvent de vous : vous savez qu'elles me sont chères. J'avois pensé, avec Cabane (1), à trouver quelques moyens de rendre la situation de votre fille plus aisée; mais je n'ai jamais vu plus de délicatesse, plus de désintéressement, plus de douceur, plus d'opiniâtreté et plus de sentimens. Elle est d'une vertu si outrée, qu'elle est à impatienter : je la trouvai si déraisonnable, en même temps si estimable, que l'admiration et la colère s'emparèrent de moi, et que je ne pus ni gronder ni louer.

(1) Gentilhomme provençal.

J'aurois été bien surprise si vous aviez été quelques mois sans nouveaux chagrins. J'ai aussi été très-affligée de la mort de M. de Villars (1). Monsieur son fils a fait une très-grande perte, d'autant plus qu'il la sent : il est parti sans que je l'aie vu; je n'en suis point trop fâchée, car je me serois sûrement beaucoup attendrie avec lui. Pouvez-vous dire, madame, que le détail de vos peines m'ennuie? Oubliez-vous le tendre intérêt que je prends à tout ce qui vous regarde? Vos malheurs me désespèrent, et ne m'ennuient point : je suis persuadée que le récit que vous m'en faites vous fait du bien. Maintenant il est temps que je vous parle du changement arrivé à ma fortune. Je tremble de réveiller une chose qui renouvellera quelques-uns de vos malheurs. Mes rentes viagères avoient été cruellement retranchées. Je vous ai envoyé la lettre que j'écrivis au Cardinal (2); je ne me flattois pas que l'on y eût égard, mais je ne voulois avoir rien à me reprocher. Je promis à ma pauvre Sophie (3), à qui j'avois mis une rente viagère de trois cents livres

(1) Villars-Chandieu, officier-général en France, ayant un régiment suisse. Mort le 10 avril 1728.
(2) Le cardinal Fleury imagina, sous de certains prétextes, de retrancher les rentes viagères. Cette opération ne fut pas faite impartialement; plusieurs trouvèrent le moyen, avec de l'argent, d'en être exempts. — (Note de Voltaire.)
(3) Sa femme de chambre.

sur sa tête, et qui avoit été réduite à cent livres, que, si on lui rendoit quelque chose, je lui remettrois son contrat, dont je devois, comme vous savez, avoir la jouissance. On lui a rendu cent cinquante livres : elle ne vouloit absolument point profiter de ce que je lui ai dit; et, par son accommodement, je ne lui donnerai son contrat que dans deux ans; elle aime mieux que je paie mes dettes. Ce procédé n'est-il pas généreux de sa part? Je ne joue pas un beau rôle dans cette pièce. On m'a rendu huit cent quarante livres : je jouis actuellement de deux mille sept cent quarante livres. Ma satisfaction, sur cet événement, a été bien troublée, en voyant la famille de M. de Ferriol oubliée. On a rendu à madame de Tencin trois cents livres; c'est très-peu de chose à proportion de ses rentes : elle est furieuse. Cependant elle avoit pris toutes les précautions imaginables; elle voyoit souvent M. de Machault, elle a écrit plusieurs fois au Cardinal, et a fait agir ses amis, qui sont puissans; elle comptoit sur le rétablissement de tout, comme si elle le tenoit. Elle est de bien mauvaise humeur, à ce qu'on dit, car je ne la vois point. Sa favorite, madame Doigny, commence à être dans la disgrâce.

Je ne vous parle point du concile, car, quoique née sous les yeux du chef (1), je n'en ai jamais

---

(1) M. de Tencin, qui présida le concile d'Embrun.

voulu entendre parler : cependant, si vous êtes bien curieuse, je vous enverrai toutes les écritures. En vérité, je ne vous conseille point d'avoir cette curiosité, il vous en coûteroit bien de l'ennui. A l'exception d'une lettre de douze évêques, qui est belle, tout le reste est pitoyable. Je vous renvoie à ce que disoit madame Cornuel, qu'il n'y avoit point de héros pour les valets de chambre et point de pères de l'Église parmi ses contemporains. Ce que je vois me donne de furieux doutes du passé. Ne parlons plus sur cette matière; j'ai déjà assez dit de sottises.

Les tracasseries de notre cour ne sont pas plus divertissantes. Les disputes sur l'alignement du Roi et des princes, et les ricochets des ducs, n'ont produit que des mémoires détestables; et, pour nous autres parterre, nous voulons, pour notre argent, qu'on nous divertisse (1). Les belles dames sont ou se vantent d'être dans la dévotion. Mesdames de Gontay, d'Alincourt, de Villars, mère et belle-fille, la maréchale d'Estrées, tout cela grimace la prude. Le Roi est toujours sans maîtresse, M. le duc du

---

(1) C'est comme dans l'épigramme de Jean-Baptiste Rousseau :

> Et quand la farce est mal représentée,
> Pour notre argent nous sifflons les acteurs.

Maine fort ami du Cardinal. Ce dernier se porte très-bien; il vivra assez long-temps pour instruire notre jeune monarque. La Reine est grosse de trois mois. Les spectacles vont très-mal. Thévenard et la Antier ont quitté l'Opéra, parce qu'ils ont eu ordre de laisser jouer Chassé et la Pellissier. Madame la duchesse de Duras, à qui on a attribué cet ordre, a été vilipendée sur l'escalier de l'Opéra. Chassé avoit très-mal débuté; mais il fait mieux. Pour la Pellissier, elle fait horriblement mal dans ces opéras. Francine a quitté, et Destouches (1), comme je vous l'ai mandé, aura la direction de l'Opéra. Nous reverrons alors la Lemaure. Francine a quinze mille livres de pension, et, après sa mort, son fils en aura huit mille, et sa fille six mille. Vous me demanderez pourquoi tant de libéralité? Je vous répondrai, d'abord, que ces pensions sont prises sur l'Opéra, et, en second lieu, que Francine a fait faire, à ses dépens, une partie des belles décorations, et qu'il les laisse. On a établi un concert spirituel deux fois la semaine.

Le frère de l'envoyé d'Alster (2) s'est donné un coup de pistolet dans la tête, après avoir mis le feu dans trois endroits de la maison. Cette précaution

---

(1) André-Cardinal Destouches, musicien, qu'il ne faut pas confondre avec l'auteur dramatique.

(2) D'Holstein?

étoit pour éviter que l'on sût que sa mort étoit volontaire.

L'envieuse miladi Jersey (1) est très-souvent chez madame Knight : elle mange comme quatre louves, joue avec attention et avidité, ne dit pas quatre paroles sans défaçonner sa bouche, qui est toujours petite et plate. L'air et les paroles ne vont point ensemble; il semble que le miel sort de sa bouche, quand elle parle, mais c'est bien le fiel le plus croupi qu'il y ait au monde. Vous direz que je suis aussi médisante qu'elle aujourd'hui.

Berthier me boude de ce que je ne suis pas ici quand il y vient : quelque aimable qu'il soit, il y a apparence que j'aurai souvent ce tort-là avec lui. C'est un reste de ses chimères, prétentions d'amant; il voudroit que je fusse comme Bérénice, à passer les jours à l'attendre et les nuits à pleurer. Je suis parvenue à lui faire faire connoissance avec madame du Deffand. Elle est belle, elle a beaucoup de grâces; il la trouve aimable : j'espère qu'il commencera un roman avec elle, qui durera toute la vie. On a député vers moi, croyant que j'avois encore quelque reste de crédit, pour obtenir de M. Berthier de couper un pied de chaque côté de sa perruque. Je veux bien tenter cette grande affaire,

---

(1) Barbara Chiffinch, veuve d'Édouard Villiers, comte de Jersey. Elle était cousine de Bolingbroke.

mais j'y échouerai; car, madame, c'est dans ces magnifiques nœuds que gît toute l'importance, la capacité et la grâce de notre cher homme. Je ne me rebuterai pas, et lui en parlerai toutes les fois que je le verrai. A propos (ou sans à propos, car cela ne va point du tout à la perruque de M. Berthier), madame votre cousine, à ce qu'on dit, ne peut épouser ce Hollandois, sans perdre une partie du bien dont son mari lui donne la jouissance. C'est une vilaine clause, et bien scandaleuse, en vérité; le défunt avoit si bien fait les choses de son vivant, qu'il devoit bien continuer. Pour moi, si j'avois été de lui, pour me venger, je leur aurois donné mon bien aux conditions qu'ils se mariassent, et les aurois déshérités en cas qu'ils ne le fissent pas. Le beau-frère tient des propos fort singuliers du défunt, son très-cher frère. D'Argental me prie de ne pas l'oublier auprès de vous. Nous sommes très-amis; il est charmant, il est aimé de tout le monde, et le mérite bien; il a tous les principes de droiture : l'âge confirme ses vertus. Adieu, madame, je vais partir pour Ablon; ma santé se rétablit tout doucement : j'ai vieilli de dix ans; si vous me voyiez, vous me trouveriez bien changée; mais, d'honneur, cela ne me chagrine point du tout. Si toutes les femmes n'étoient pas plus affligées de voir partir leurs charmes, que moi d'avoir perdu le peu que j'en avois, elles seroient bien heureuses.

LETTRE XIII.

De Paris, juin-août 1728.

Je viens, madame, de recevoir votre lettre du 22 de ce mois. C'est un heureux jour pour moi, quand j'apprends par vous de vos nouvelles. Les assurances que vous me donnez de votre bonté me sont toujours et bien nouvelles et bien chères; et je dis de vos lettres ce que M. de Fontenelle disoit d'une dame qui lui plaisoit, que le moment qu'il la voyoit étoit le moment présent pour lui. Cette façon de s'exprimer a été fort critiquée; mais les gens grossiers ne connoissent qu'une jouissance dans ce monde : je les plains. Est-il un moment plus doux que celui où l'on reçoit les assurances d'amitié d'une personne que l'on aime et qu'on estime parfaitement? Il y a bien des gens qui ignorent la satisfaction d'aimer avec assez de délicatesse pour préférer le bonheur de ce que nous aimons au nôtre propre. Remercions la Providence de nous avoir donné un bon cœur, et à vous, de la vertu dans les malheurs que vous avez essuyés. Que seriez-vous devenue? votre douceur, votre humanité, votre justice, auroient été changées en désespoir, en cruauté et en injustice. Quelque grands que soient les malheurs du hasard, ceux qu'on s'attire sont cent fois plus cruels. Trouvez-vous qu'une religieuse défroquée, qu'un cadet cardinal, soient heureux comblés de richesses? Ils changeroient bien leur prétendu bonheur contre vos infortunes.

Vous me demandez si M. de Pont-de-Veyle est introducteur des ambassadeurs? Vous le sauriez avant ceux qui font la Gazette. Il a été question de quelque chose; mais il falloit trouver à se défaire de sa charge (1) avantageusement, et, d'ailleurs, sa santé est toujours fort délicate; je crains qu'à la fin nous ne le perdions. Je dis cela le cœur serré, car c'est la plus grande perte que je puisse faire. C'est un homme qui a toutes les qualités les plus essentielles, il a beaucoup de mérite et d'esprit; ses procédés à mon égard sont d'un ange.

Vous allez être bien surprise. Depuis que M. d'Argental est au monde, voici la première fois que nous nous sommes querellés, mais d'une façon si étrange, qu'il y a quatre jours que nous ne nous

---

(1) Pont-de-Veyle était lecteur du Roi.

parlons. Le sujet de la querelle vient de ce qu'il ne vouloit pas souper avec madame sa mère, qui revenoit de la campagne où elle avoit été huit jours; elle lui avoit fait dire par tout le monde qu'elle seroit à Paris ce soir-là; et elle se plaignoit de ce qu'il n'avoit pas assez d'attention pour elle. Je le lui dis, et nous nous échauffâmes là-dessus. Je lui soutins que le devoir devoit l'emporter sur le plaisir. En un mot, je m'emportai, sans jamais oublier la tendresse et l'amitié que j'avois pour lui; et c'est cette amitié qui m'engagea à lui parler avec cette sincérité. Il me répondit avec une sécheresse et une dureté qui m'assommèrent, comme si la foudre étoit tombée sur moi. La femme de chambre de madame en fut témoin. Il sortit de ma chambre : je restai un quart d'heure sans pouvoir parler, et je me mis à fondre en larmes. M. de Pont-de-Veyle entra et me demanda de quoi je pleurois : je ne pus me résoudre à le lui conter. La femme de chambre le fit : il fut bien surpris. Madame ignore notre bouderie : elle en seroit charmée, parce qu'il y a quelques jours que j'eus une scène affreuse parce que je le soutins contre les plaintes qu'elle m'en fit. Quand elle est arrivée, mon premier soin a été de lui faire des excuses, de la part de son fils, de ce qu'il ne se trouvoit pas à la maison; que j'en étois cause, lui ayant dit qu'elle n'arriveroit que fort tard, et qu'il ne pouvoit se dispenser d'aller à un souper où il s'étoit engagé depuis huit jours, surtout connoissant très-peu les gens qui composoient cette partie. La femme de chambre se trouva derrière moi : je l'ignorois. Les larmes lui vinrent aux yeux, d'étonnement et de joie. Elle me dit que je justifiois M. d'Argental, lorsque j'avois sujet de m'en plaindre. J'avois dit à Pont-de-Veyle que dorénavant je n'aimerois plus que pour moi M. d'Argental, et qu'assurément je ne l'aimerois plus pour lui-même. Concevez-vous, madame, ma douleur? Au bout de vingt-sept ans, perdre un ami. Je le crois honteux de ce qui s'est passé. Il continue de me manquer, sûrement par cette raison. J'ai le cœur si gros, qu'il m'est impossible d'achever ma lettre : je la reprendrai quand je serai plus tranquille.

Du 29 août 1728.

La bouderie a duré huit jours, et, selon la règle, celui qui a raison a fait les avances. Je bus à sa santé, à table, et je l'embrassai le lendemain sans explication. Depuis ce temps-là, nous sommes fort bien ensemble. Vous direz qu'il y a une furieuse distance d'une date à l'autre ; mais j'ai eu des occupations qui m'ont empêchée de vous écrire, mais non pas d'être fort occupée de vous. Mademoiselle

Bideau n'a pas fait tout ce qu'elle m'avoit promis.
Je n'en suis pas trop fâchée : je crains les trop grandes obligations. Cabane compte de vous aller voir.
Plût à Dieu que je fusse aussi libre que lui! je serois actuellement auprès de vous. Mais, quelque chose qui arrive, j'irai, quand même je serois réduite à demander l'aumône pour aller voir tout ce que j'aime le mieux, en vérité, sans exception.

LETTRE XIV.

Octobre 1728.

Je ne vous ai point justifié le silence de M. d'Argental, à cause de vos craintes : à présent qu'il est guéri, je vous dirai qu'il vient d'avoir la petite vérole le plus heureusement du monde. C'est un grand plaisir pour lui et ses amis qu'il se soit débarrassé de cette vilaine maladie. Je vis hier madame votre fille qui est, comme vous l'avez laissée, belle comme un ange, mais d'une vertu à batre; elle est bien votre digne fille. Madame Knight est grosse, elle retourne à Londres pour accoucher. Miladi Bolingbroke a été très-mal; elle s'est mise au lit tout-à-fait : elle se trouve mieux de ce régime. Le public, qui veut toujours parler, assure que son mari en agit mal avec elle; je vous assure que rien n'est plus faux. M. le duc de Bouillon a été à l'extrémité. Il a envoyé au Roi la démission de sa charge de grand chambellan; il l'a fait supplier de la donner à son fils, ce qui lui a été accordé. Il est mieux; mais il n'y a aucune espérance que ce mieux continue.

Pour parler de la vie que je mène, et dont vous avez la bonté de me demander des détails, je vous dirai que la maîtresse de cette maison est bien plus difficile à vivre que le pauvre ambassadeur. Je ne sais jamais sur quel pied danser. Si je reste, on me fait la mine de ce que l'on croit que l'on me contraint : si je sors, on me fait des sorties affreuses : on me contrarie sans fin; on me caresse après, jusqu'à impatienter un ange. Une certaine demoiselle qui vient dans la maison m'a fait l'honneur d'être jalouse de moi; elle travaille à me détruire dans l'esprit de madame de Ferriol, qui avale le poison sans qu'elle s'en aperçoive : je m'en suis doutée, et j'y ai mis bon ordre. J'ai parlé à madame avec beaucoup de force, de franchise et de respect. La tracassière ignore que je la connoisse, et je ne veux aucun éclaircissement avec des gens faux et méchans; je les laisse dans leur crasse. Je m'appuie sur la netteté de ma conduite, qui est de faire mon devoir de bon cœur et ne point faire de tort aux autres. Elle a déjà le fruit que recueillent les mauvais esprits; madame ne la peut plus souffrir. Pour la Tencin, je continue à ne la point voir; elle a plus de manége que jamais. L'archevêque a été très-mal; nous avons été bien en peine. Il étoit cruel de mourir à la veille d'avoir le chapeau; il est mieux, et nous le verrons, j'espère, cardinal.

Nous avons une nouvelle princesse (1), la femme de M. le Duc, qui est très-jolie, mais fort petite : elle n'a que quatorze ans. Sa taille est charmante; elle a bonne grâce, elle a dit des ingénuités plaisantes sur son mariage. On lui présenta ses deux beaux-frères (2), et on lui demanda lequel des trois frères elle préféroit. Elle répondit que ses deux beaux-frères avoient de très-beaux visages, mais que M. le Duc avoit l'air d'un prince. On la mena à Versailles, où elle réussit très-bien. Le Roi ne causa point avec elle; mais, quand elle fut partie, il dit qu'il la trouvoit bien. Tous les gens de la cour

---

(1) Charlotte de Hesse-Rheinsfeld, née le 12 août 1714, mariée le 23 juillet 1728 au duc de Bourbon.

(2) Les comtes de Charolais et de Clermont.

lui firent la révérence; elle reçut leurs complimens sans aucun embarras. M. le duc d'Orléans est d'une dévotion aussi outrée que son père étoit pervers. Madame de Parabère a été, comme je vous l'ai déjà dit, quittée par monsieur le Premier, qui est amoureux de madame d'Épernon (1), qui n'a point encore fait parler d'elle. Cela cause bien du chagrin à madame de Parabère. Elle me fait toujours beaucoup d'amitiés. Voilà ce que c'est que de ne point se mêler des intrigues. Notre Reine vint, le 4 octobre, à Sainte-Geneviève, pour demander à Dieu un Dauphin. Le Roi a reçu la petite princesse (2) galamment et avec courage. « Ne vous chagrinez point, ma femme, dit-il à la Reine, dans dix mois nous aurons un garçon. »

Nous avons à l'Opéra-Comique une pièce qui dure depuis six semaines, qui est assez jolie. Je reviens de la Comédie; on jouoit *Régulus*, où j'ai fondu en larmes. Baron a joué dans une perfection admirable, je ne l'ai jamais vu mieux jouer; j'envisage avec douleur sa vieillesse. Il fit, l'autre jour, le rôle de Burrhus dans la mort de *Britannicus*,

---

(1) Françoise-Gillone de Montmorency-Luxembourg, épouse de Louis de Pardaillan de Gondrin, duc d'Épernon.

(2) La reine était accouchée, le 28 juillet 1728, d'une troisième fille, dite Madame de France troisième, qui mourut à Versailles le 19 février 1733.

où il excella. Il est impossible qu'on ne le croie pas le personnage qu'il représente.

M. le comte de Grancey (1), et M. le marquis (2) son frère, sont morts à quinze jours l'un de l'autre. Ils sont si ruinés, que leurs veuves ne trouveront pas leur douaire : ils jouissoient de beaucoup de bienfaits du Roi, et mangeoient plus que leur revenu. M. de La Chesnelaye (3) vient d'épouser mademoiselle des Marest, sœur du grand fauconnier; elle est belle et bien faite, et voilà tout. Il a marié sa fille (4), qui a seulement quatorze ans, à M. de Pont-Saint-Pierre, homme de condition, riche, mais assez débauché. M. de Maisons (5) a épousé made-

(1) Louis-François Rouxel de Medavy, comte de Grancey, chef d'escadre, mort le 20 août 1728, âgé de soixante-un ans.

(2) François Rouxel de Medavy, marquis de Grancey, lieutenant-général des armées du roi, mort le 30 juillet 1728, dans sa soixante-deuxième année.

(3) Adolphe-Charles de Romilley, marquis de La Chesnelaye, brigadier des armées du roi, épousa, au mois de juillet 1728, Anne-Diane Dauvet des Marest.

(4) Charlotte-Marguerite de Romilley de La Chesnelaye, morte à Paris le 3 décembre 1760, âgée de quarante-six ans. Elle avait épousé, le 25 mai 1728, Michel-Charles-Dorothée de Roncherolles, comte de Pont-Saint-Pierre, mestre-de-camp du régiment Royal-Cravate.

(5) Jean-René de Longueil, marquis de Maisons, président à mortier, membre honoraire de l'Académie des Sciences, né le 14 juillet 1699, mort le 13 septembre 1731. C'est lui que

moiselle d'Angervilliers. M. de Charolois vit toujours avec la Delisle, dont il n'est plus amoureux ni jaloux. Il a une autre maîtresse, qui a été très-secrète, et qui n'a paru que par un éclat violent : elle s'est jetée dans un couvent, prétendant que son mari avoit voulu l'empoisonner. Elle se nomme madame de Courchamp (1); elle est sœur de cette dame Dupuis (2) qui a été si belle. M. de Clermont est amoureux fou de madame la duchesse de Bouillon (3). La marquise de Villars et madame d'Alincourt (4) sont dans la plus grande dévotion : elles

Voltaire a placé dans *le Temple du Goût*. Il avait épousé, le 11 août 1728, Marie-Louise-Jeanne Bauyn d'Angervilliers.

(1) Angélique-Sébastienne Ruau du Tronchot, née à Paris le 14 mars 1709, mariée, le 13 juillet 1723, à Jean-Louis Guillemin, baron de Courchamp, maître des requêtes. « Maltraitée par sa belle-mère et par son mari, elle le fit assigner en séparation, et fut maîtresse (1728) de Louis de Bourbon, comte de Charolais. Elle est toujours en amazone, et se fait appeler dans la maison *monsieur le chevalier*. » (Note de Berlin du Rocheret, au cabinet généalogique de la Bibliothèque royale.)

(2) Marie-Anne-Charlotte Ruau du Tronchot, mariée, le 12 février 1714, à Pierre Dupuis, conseiller au parlement.

(3) Louise-Henriette-Françoise de Lorraine, quatrième femme d'Emmanuel-Théodose de La Tour d'Auvergne, duc de Bouillon; morte à Paris, le 31 mars 1737, âgée de trente ans.

(4) Marie-Joséphine de Boufflers, dame du palais de la reine, morte à Paris, le 17 octobre 1738, dans sa trente-cinquième année.

ne mettent plus de rouge, ce qui leur sied assez mal. M. l'Avalle (Laval?) et sa femme donnent des fêtes à madame Bernard, qui loge où vous logiez. Je ne puis endurer que cette guenon et cette bête habite votre chambre. Elle est encore belle, et si belle que, si elle se dépaysoit, on ne lui donneroit que trente ans. Les filles de l'Opéra et les filles de joie inondent Paris : on ne sauroit faire un pas qu'on n'en soit entouré. On rejoue à l'Opéra *Bellérophon*. L'autre jour, quand le dragon parut sur le théâtre, il y eut quelque chose qui se dérangea à la machine; l'estomac de l'animal s'ouvrit, et le petit polisson parut aux yeux de l'assemblée, tout nu, ce qui fit rire le parterre. La Pellissier diminue de vogue imperceptiblement; on commence à regretter la Lemaure, qui attend qu'on la prie de revenir. Destouches et elle se tiennent sur la réserve; mais ils meurent d'envie tous deux d'être bien ensemble. Vous savez que Destouches a eu la place de Francine. Nous regrettons toujours Muraire et le pauvre Thévenard; il baisse beaucoup. Chassé ne le remplacera pas, il ne devient pas meilleur.

Je me suis fait peindre en pastel, ou, pour mieux dire, M. de Ferriol, qui a un appartement charmant, a fait peindre six belles dames (dont je suis, non comme belle, assurément, mais comme amie), mesdames de Noailles, de Parabère, madame la duchesse de Lesdiguières, madame de Montbrun, et une copie d'un portrait de mademoiselle de Villefranche, à l'âge de quinze ans. Ils sont tous de la même grandeur; le mien est parfaitement ressemblant (1). J'ai résolu d'en demander la copie; et, si le peintre croit qu'il vaut mieux le faire d'après moi, je le ferai venir; c'est l'affaire de trois heures. Si vous étiez ici, madame, je vous aurois demandé à genoux la complaisance de vous laisser peindre pour moi. On s'appuie sur une table où le peintre travaille; cela fait que l'on s'amuse à voir dessiner, et que l'on n'a point d'attitude gênante. Aussitôt que j'aurai cette copie, ou l'original, je vous l'enverrai. En le voyant, je vous prie de croire qu'il fait des vœux au ciel pour vous; car on a voulu que les yeux fussent en l'air, avec un voile bleu, comme une vestale ou une novice (2).

Il y a ici un nouveau livre, intitulé : *Mémoires d'un homme de qualité retiré du monde* (3). Il ne vaut pas grand'chose; cependant on en lit cent quatre-vingt-dix pages en fondant en larmes. A peine le chevalier est arrivé à Périgueux, où il

---

(1) Ce portrait appartient aujourd'hui à M. Clogenson, ancien député du département de l'Orne.

(2) Le portrait que nous donnons est autre : Aïssé y est peinte non pas en Vestale, mais en Grace. Au lieu d'une copie, elle aura fait faire un nouveau portrait original pour l'envoyer à son amie.

(3) Par l'abbé **Prévost.**

comptoit passer quelques mois, qu'il a été obligé de repartir et de revenir ici. J'avoue que je fus surprise bien agréablement quand je le vis, hier, entrer dans ma chambre; j'ignorois son retour. Quel bonheur, si je pouvois l'aimer sans me le reprocher! Mais, hélas! je ne serai jamais assez heureuse pour cela. Je finis cette longue épître, qui pourroit, à la fin, vous fatiguer. Adieu, madame, excusez et plaignez votre pauvre Aïssé.

LETTRE XV.

De Paris, 1728 (1).

Monsieur d'Argental est arrivé il y a deux jours : il est extrêmement marqué de la petite vérole, sur-

(1) Le commencement de cette lettre est évidemment postérieur à la lettre qui précède, et doit être, par conséquent, de 1728; mais, à partir du troisième alinéa, le reste est de 1727 Nous n'avons point cherché à rétablir l'ordre chronologique de ces fragmens, dans la crainte des erreurs que nous pouvions commettre en cherchant à réparer celles des autres. Il suffit que le lecteur soit averti.

tout le nez qui, à force d'être couturé, est devenu petit, échancré et façonné. Ses yeux, ses sourcils, ses paupières n'ont point été gâtés; par conséquent, sa physionomie est toujours la même : il est fort engraissé et fort rouge. Nous avons été si aises de le voir, que nous l'avons reçu comme si c'étoit l'Amour. On peut dire de lui que ce n'est pas un beau garçon, mais c'est assurément un aimable caractère : il est généralement aimé et estimé; tous ceux qui le connoissent en font des éloges bien flatteurs pour lui et pour ceux qui s'y intéressent. Vous savez, madame, que cette réussite n'est pas capable de le gâter. Je voudrois que M. de Caze le connût; sûrement il l'aimeroit. On nous a bien alarmés sur la santé de ce dernier. M. de Saint-Pierre nous avoit mandé qu'il étoit très-mal. Dieu merci, ce n'est qu'une fausse alarme, il se porte bien. Le pathétique M. Jean-Louis Favre m'avoit fait pleurer, en faisant l'énumération des qualités de M. de Caze, la perte que faisoient ses parens et ses amis; en un mot, s'il avoit été Romain, il l'auroit mis parmi les dieux. Dites-lui, je vous prie, quand il voudra prendre place parmi eux, que ce soit le plus tard qu'il pourra, et même qu'il fasse quelque mauvaise action, pour qu'on ne le regrette pas.

Notre voyage de Pont-de-Veyle est toujours très-incertain; cela est insupportable. Madame de Ferriol continue à être d'une pesanteur à alarmer; il faudroit qu'elle prît les eaux de Bourbon. Son fils et moi, nous le lui avons représenté avec un ton d'attachement et d'amitié qui méritoit, de sa part, un peu de complaisance; elle est d'une opiniâtreté et d'une dureté à mettre en fureur. N'en parlons plus. Je suis, actuellement que je vous écris, sur votre fauteuil; il n'y a que mes favoris à qui je permette de s'y asseoir. M. Berthier, quelquefois, usurpe cette place; mais je ne le trouve pas bon.

Madame la duchesse de Fitz-James (1) épouse M. le duc d'Aumont; il a dix-huit ans, elle vingt. Ce mariage est très-convenable et fort approuvé. Elle a eu toutes les peines du monde à renoncer à la liberté dont elle jouissoit; mais il a cinquante mille écus de rente, elle vingt-cinq mille livres; la médiocrité de son revenu et sa jeunesse l'ont déterminée. Elle m'a fait l'honneur de me demander mon avis, ne voulant pas se décider avant que je lui dise ce que je pensois : la noce se fera incessamment. Quand on le dit à sa sœur, qui a quatorze ans, elle répondit qu'elle auroit mieux aimé que ce fût elle qui se mariât, mais que, dès que les choses

---

(1) Victoire-Félicité de Durfort-Duras, veuve de Jacques, duc de Fitz-James; remariée, le 23 avril 1727, à Louis-Marie-Augustin, duc d'Aumont.

étoient arrangées, elle n'étoit point fâchée que ce fût sa sœur. La Reine est grosse. On ne parle que de guerre; les officiers par'ent, dont ils sont bien fâchés. Monsieur (1) et mademoiselle d'Uxelles ont fait avoir un guidon de gendarmerie à M. Clémancey, frère de M. de La Marche (2). Je veux parler politique. On dit ici que les Espagnols prendront Gibraltar, que l'Empereur offre de suspendre pour deux ans la Compagnie d'Ostende, et que les Anglois veulent que ce soit trois ans. On est en négociation pour cela; je juge que nous sommes les médiateurs. Les Anglois ont une grande animosité contre l'Empereur et les Espagnols. On prétend que le maréchal d'Uxelles est cause que nous ne faisons pas la guerre. L'indécision où l'on est ruine, les avis étant si partagés dans les conseils, qu'on a été obligé de tenir tout prêt pour n'être pas pris au dépourvu; les officiers en sont ruinés, et nos rentes retranchées. Nous pouvons dire comme à l'Opéra:

L'incertitude
Est un rigoureux tourment (3).

(1) Peut-être, au lieu de « Monsieur *et mademoiselle* d'Uxelles, » faudrait-il lire : « Monsieur *le maréchal* d'Uxelles *a* fait... »

(2) Voyez ci-dessus, page 89.

(3) QUINAULT, *Phaéton*, II, 3.

D'Argental vous assure de ses respects, et vous envoie cette lettre du marquis de Sainte-Aulaire au Cardinal. Elle nous a paru belle.

Lettre du marquis de Sainte-Aulaire au cardinal de Fleury.

« Voici la conjoncture la plus digne d'occuper une intelligence du premier ordre. Il n'est point de puissance en Europe qui ne désire le secours de Votre Éminence pour la conservation de ses droits, ou l'établissement de ses prétentions. Le beau rôle que vous allez faire jouer à notre aimable monarque! Qu'il est heureux d'avoir un aussi bon guide dans le chemin de la vraie gloire! Celle de conquérir le monde ne vaut pas celle de le pacifier : celle-là peut se faire craindre de quelques-uns, celle-ci est sûre de se faire aimer de tous. Son ambition ne sera pas bornée à subjuguer quelques nouveaux sujets aux dépens des anciens; ses plus ardens désirs seront de contribuer au repos de ses amis : c'est dans le repos général qu'il cherche le bien. On va voir si l'amour de la justice, la candeur, la modération, la fidélité à sa parole, n'ont pas un succès aussi heureux que les ruses et les artifices de l'ancienne politique; mais, en instruisant le Roi de ses intérêts, n'oubliez pas le plus important, c'est de vous conserver. Je tremble quand je songe au chaos que vous avez à débrouiller, à la quantité d'intérêts que vous avez à concilier. Il est d'autres craintes que les plus heureux succès ne feroient qu'augmenter. Puis-je espérer de retrouver en vous cette douce urbanité qui nous enchante? Quelle modestie pourroit tenir contre la gloire qui vous menace? »

On a fait une promotion d'officiers de marine, qui a été peu nombreuse; elle a fait une quantité de mécontens. M. le chevalier de Caylus (1), qui étoit colonel réformé, a été fait, de plein saut, capitaine de vaisseau: il passe sur le ventre de mille officiers qui ont cinquante années de service, qui ont, la plupart, une grande naissance et de fort belles actions; et les officiers réformés, pour lesquels on a beaucoup de dureté, demandent ce qu'a fait le chevalier de Caylus pour être si favorisé. Tous les marins se plaignent, et le public trouve fort étrange que le fils de madame la comtesse de Toulouse (2)

(1) Charles de Thubières de Grimoard de Pestel de Levi, chevalier, puis marquis de Caylus, fut nommé capitaine de vaisseau au mois d'avril 1727. Mort à Saint-Pierre de la Martinique le 12 mai 1750.

(2) Marie-Victoire-Sophie de Noailles, née le 6 mars 1688,

soit garde-marine pendant que M. de Caylus est capitaine de vaisseau. Madame de Montmartel (1) est accouchée à Brisach, d'un garçon : son père et son mari sont toujours en exil, et du Verney à la Bastille (2). On ne trouve rien pour le retenir; ainsi il sortira bientôt.

Le beau de La Mothe-Houdancourt, recherché des plus belles et des plus riches dames de la cour, a donné congé à madame la duchesse de Duras pour la Antier dont il est fou; il ne la quitte point, et on les prie à souper comme mari et femme. On dit que c'est charmant de voir l'étonnement de la Antier, l'enthousiasme de La Mothe; il n'y a jamais eu une passion aussi violente et aussi réciproque : le rôle de Cérès a fait naître cette passion. Les spectacles sont cessés, et les concerts spirituels sont fort

veuve en premières noces de Louis de Pardaillan, marquis de Gondrin; remariée (22 février 1723) à Louis-Alexandre de Bourbon, comte de Toulouse.

(1) Antoinette-Justine Paris, morte, âgée de vingt-six ans et demi, le 14 février 1739. Elle avait épousé, le 10 octobre 1724, Jean Paris de Montmartel, son oncle, garde du trésor royal. Ce dernier avait été exilé, ainsi que ses frères, au mois de juin 1726, par suite de la révolution ministérielle qui avait porté le cardinal de Fleury au pouvoir. Il était père du marquis de Brunoy, que ses folles prodigalités ont rendu célèbre.

(2) Joseph Paris du Verney, mis à la Bastille au mois d'août 1726, en sortit le 11 mars 1728. Mort le 17 juillet 1770.

courus. La Antier et la Lemaure y chantent à enlever.

Il n'y a plus moyen d'excuser madame de Parabère; M. d'Alincourt est établi chez elle. Elle a toujours beaucoup d'empressement pour moi. J'ai du goût, je l'avoue, pour elle : elle est aimable; mais je la vois beaucoup moins, surtout en public. Soyez persuadée de ce que je vous dis, madame; elle n'est assurément pas excusable d'avoir repris un autre amant, mais bien d'avoir quitté celui qu'elle avoit. Il lui a mangé plus d'un million, et, dans sa rupture, tous les vilains procédés; et, de sa part, tous les plus nobles et les plus généreux. M. et madame de Ferriol entrent, dans ce moment, dans ma chambre, et me chargent de mille complimens pour vous. Le premier a pris un très-grand intérêt au retranchement de vos rentes viagères. C'est beaucoup pour lui, car il n'a pas le cœur bien tendre. Pour M. de Pont-de-Veyle, vous savez l'estime et l'attachement qu'il a pour vous. Nous parlons cent fois de vous ensemble.

Je pars pour la chasse dans ce moment. Vous me demandez des nouvelles de mon cœur : il est parfaitement content, madame, à une chose près que des difficultés qui me paroissent insurmontables empêchent. Mais Dieu est le maître de tout : j'espère dans lui. L'attachement, la considération et la tendresse sont plus forts que jamais, et l'estime et la reconnoissance de ma part; quelque chose de plus, si j'ose le dire. Hélas! je suis telle que vous m'avez laissée, bourrelée de cette idée que vous savez, que vous avez développée chez moi. Je n'ai pas le courage d'en avoir : ma raison, vos conseils, la grâce, sont bien moins agissans que ma passion. Le bruit a couru que je sortois de cette maison, et que je cherchois un appartement. Le chevalier en fut chagrin, mais sans humiliation. Ce qui donna lieu à ce bruit, c'est que j'étois allée voir plusieurs maisons pour madame du Deffand.

La petite personne (1) seroit bien heureuse si elle savoit les bontés que vous avez pour elle. On dit qu'elle continue à être aimable pour le caractère et la figure. Je ne sais si j'oserai y aller cette année; ma bourse me prive de tout. Si j'avois seulement cent pistoles, j'irois l'embrasser et vous baiser les mains à Genève. Que ma joie seroit grande! Mais, mon Dieu, je ne serai pas assez heureuse! Adieu, madame : que n'êtes-vous à Paris!

(1) Sa fille.

LETTRE XVI.

De Paris, décembre 1728.

Il y a un siècle que vous ne m'avez fait l'honneur de m'écrire. Êtes-vous si exacte avec vos amis, pour ne point leur écrire qu'ils ne vous aient fait réponse? Je devois, madame, vous remercier de la lettre que j'ai reçue il y a un mois : j'avois commencé ma réponse; j'y voulois mettre plusieurs petites nouvelles, j'ai attendu des dénouemens; ils ont été si chargés d'événemens que je n'ai plus su où j'en étois. D'ailleurs, madame Bolingbroke a été très-mal; ce qui m'a occupée bien tristement; et puis la santé de madame de Ferriol, toujours mauvaise, et son humeur encore plus. Pont-de-Veyle me charge de ses respects pour vous : il est toujours malingre; une mauvaise digestion. D'Argental n'est plus amoureux de mademoiselle de Tencin; elle ne l'occupe plus que par devoir. Il n'est point aussi amoureux de la Lecouvreur, mais aussi prévenu de son mérite que s'il l'étoit encore; elle es très-incommodée depuis quelque temps : on craint qu'elle ne tombe dans une langueur.

Madame de Parabère a été quittée, il y a environ quatre ou cinq mois, par M. d'Alincourt, dont elle a été au désespoir; et, pour s'en consoler, elle a pris, au bout de huit jours, M. de La Mothe-Houdancourt, qui est, à mon sens, le plus vilain homme que je connoisse. Cette précipitation a paru étrange à tout le monde, et surtout à moi qui ne m'en serois pas doutée. Ledit M. de La Mothe ne la quitte pas d'un pas; il est jaloux comme un tigre. Pour vous en faire le portrait, tant de la figure que de l'esprit, je commencerai par la figure : il est grand, dégingandé, le visage long; il ressemble beaucoup à un vilain cheval; de l'âge de quarante-cinq ans; babillard, ne sachant ce qu'il dit; se contredisant sans cesse, ne parlant jamais que de lui; fat, comme s'il étoit un Adonis, et glorieux par fatuité; assez bon homme dans le fond, mais ayant été gâté par les caillettes de la cour. Il me craint prodigieusement, et ne peut pas s'empêcher de m'estimer : il a vu peu de femmes qui se soucient moins de se mêler d'intrigues : il m'a dit bien des fois qu'il aimeroit mieux que je fusse amie de sa femme que de sa maîtresse. J'y vais très-rarement : je crois qu'il ne seroit pas bien de n'y point aller du tout; elle a pour moi des façons touchantes. D'abord que j'ai le moindre mal, elle me vient voir; elle m'accable de galanteries; elle dit à tous ceux qu'elle voit qu'elle m'aime infiniment. Je dois être reconnoissante, madame, de tant de marques d'amitié. Il y avoit, pendant les huit jours de vacance, plus de vingt prétendans à qui je faisois une peur horrible, étant persuadés que je mettrois tout en usage pour la retirer du désordre. Un des prétendans m'a conté tous leurs manéges; ils s'étoient tous ligués de concert pour la retirer de Paris et qu'elle fût à la campagne pour que je ne la visse pas. Celui qui m'a raconté tout cela est parent du chevalier; il espéroit, par son canal, obtenir de moi que je ne m'opposasse point au voyage de madame de Parabère. Le chevalier lui répondit qu'il avoit tort de me soupçonner, que je ne me parois ni de conseiller les prudes, ni de condamner les autres; que jamais je n'avois su ce que c'étoit que de me mêler de tracasseries; en quoi il me loua beaucoup, connoissant assez bien la dame pour être persuadé qu'elle ne seroit pas susceptible de conseillers.

Je veux vous parler de madame du Deffand. Elle avoit un violent désir, pendant longtemps, de se raccommoder avec son mari : comme elle a de l'esprit, elle appuie de très-bonnes raisons cette envie; elle agissoit, dans plusieurs occasions, de façon à rendre ce raccommodement durable et honnête. Sa grand'mère (1) meurt, et lui laisse quatre mille livres de rentes : sa fortune devenant meilleure, c'étoit un moyen d'offrir à son mari un état plus heureux que si elle avoit été pauvre. Comme il n'étoit point riche, elle prétendoit rendre moins ridicule son mari de se raccommoder avec elle, devant désirer des héritiers. Cela réussit, comme nous l'avions prévu ; elle en reçut des complimens de tout le monde. J'aurois voulu qu'elle ne se pressât pas autant ; il falloit encore un noviciat de six mois, son mari devant les passer naturellement chez son père. J'avois mes raisons pour lui conseiller cela ; mais, comme cette bonne dame mettoit de l'esprit ou, pour mieux dire, de l'imagination au lieu de raison et de stabilité, elle emballa la chose de manière que le mari amoureux rompit son voyage et se vint établir chez elle, c'est-à-dire y dîner et y souper : car, pour habiter ensemble, elle ne voulut pas en entendre parler de trois mois, pour éviter tout soupçon injurieux pour

(1) Marie Bouthillier de Chavigny, veuve, en premières noces, de Nicolas Brulart, premier président au parlement de Dijon, et, en secondes, de César-Auguste, duc de Choiseul, pair de France. Elle mourut à Paris, le 11 juin 1728, âgée de quatre-vingt-deux ans, et fut inhumée dans l'église des religieuses de Sainte-Marie, rue du Temple.

elle et son mari. C'étoit la plus belle amitié du monde pendant six semaines : au bout de ce temps-là, elle s'est ennuyée de cette vie et a repris pour son mari une aversion outrée; et, sans lui faire de brusqueries, elle avoit un air si désespéré et si triste qu'il a pris le parti d'aller chez son père. Elle prend toutes les mesures imaginables pour qu'il ne revienne point. Je lui ai représenté durement toute l'infamie de ses procédés : elle a voulu, par instances et par pitié, me toucher et me faire revenir à ses raisons. J'ai tenu bon; j'ai resté trois semaines sans la voir : elle est venue me chercher. Il n'y a sortes de bassesses qu'elle n'ait mises en usage pour que je ne l'abandonnasse pas. Je lui ai dit que le public s'éloignoit d'elle comme je m'en éloignois; que je souhaiterois qu'elle prît autant de peine à plaire à ce public qu'à moi; qu'à mon égard, je le respectois trop pour ne lui pas sacrifier mon goût pour elle. Elle pleura beaucoup; je n'en fus point touchée. Le fin de cette misérable conduite, c'est qu'elle ne peut vivre avec personne, et qu'un amant qu'elle avoit avant son raccommodement avec son mari, excédé d'elle, l'avoit quittée; et, quand il eut appris qu'elle étoit bien avec M. du Deffand, il lui a écrit des lettres pleines de reproches : il est revenu, l'amour-propre ayant réveillé des feux mal éteints. La bonne dame n'a suivi que son penchant, et, sans réflexion, elle a cru un amant meilleur qu'un mari ; elle a obligé ce dernier à abandonner la place : il n'a pas été parti que l'amant l'a quittée. Elle reste la fable du public, blâmée de tout le monde, méprisée de son amant, délaissée de ses amies ; elle ne sait plus comment débrouiller tout cela. Elle se jette à la tête des gens pour faire croire qu'elle n'est pas abandonnée. Cela ne réussit pas ; l'air délibéré et embarrassé règne tour-à-tour dans sa personne. Voilà où elle en est et où j'en suis avec elle.

Madame de Tencin est toujours si outrée contre moi, parce que je n'ai fait aucune démarche pour remettre les pieds chez elle, qu'elle m'a déclaré une guerre ouverte. Elle envoie savoir si je dîne ici pour ne pas y venir si j'y suis. Je ne suis pas plus alarmée de cette nouvelle disgrâce que des autres. On me persécuta l'autre jour pour faire ma paix avec elle : je répondis à cela que je ne demandois pas mieux ; que tout ce qui étoit de la famille Ferriol m'étoit respectable ; qu'il n'y avoit que cette raison qui me fît désirer que madame de Tencin ne fût pas fâchée contre moi ; mais que je ne me sentois pas assez de religion pour présenter ma seconde joue, et que je n'irois jamais demander pardon à madame de Tencin de ce qu'elle m'avoit fait refuser sa porte ; que je ne connoissois que madame de Ferriol dans le monde pour laquelle je pusse faire cette démarche; que madame de Tencin n'avoit aucun droit sur moi pour en agir aussi mal; que, si elle prétendoit que j'avois tenu de mauvais discours sur elle, je répondrois comme madame de Sainte-Aulaire, qui répondit, sur la même accusation, que, s'il étoit vrai qu'il fût revenu à madame de Tencin qu'elle avoit mal parlé d'elle, elle en étoit bien affligée parce que cela lui faisoit voir qu'elle avoit des amis perfides. Je suis dans ce cas: j'ai pu dire à mes amis ce que je pensois; mais, pour l'amour de moi et de mes devoirs, je n'en ai point parlé ailleurs; et même dans l'accident de La Fresnais, qui est ce qui l'aigrit contre tous les gens dont elle n'a pas besoin, j'ai dit que c'étoit l'affaire du monde la plus malheureuse, qu'il n'y avoit personne qui fût à l'abri d'un fou qui venoit se tuer chez vous.

Ma vie est assez douce. Si je vous avois à Paris, le Roi ne seroit pas plus heureux que moi. Les étrennes m'affligent un peu; tout le monde m'en donne, et je ne puis en donner à personne. Je prends mon parti sur les gouttières de cette maison. Il y a des temps où les choses ne font pas autant d'impression; c'est suivant l'état du cœur : quand il est satisfait, on glisse facilement sur les épines qui se rencontrent toujours dans la vie. Il n'y en a point d'exempte. On radote toujours ici ; on se plaint sans cesse. Il y a quelques jours qu'elle s'adressa à Fontenay, qui lui répondit très-fortement et l'assura qu'elle ne persuaderoit jamais le public, et qu'elle le révolteroit contre elle-même; qu'il étoit témoin que, la veille, j'avois été pressée extrêmement de rester à souper chez madame de Parabère avec le chevalier; que j'avois refusé, et étois revenue à neuf heures, à pied et par la pluie. Cette justification m'a affligée; les raisons ne font que l'aigrir. J'ai lieu d'être très-contente du chevalier; il a la même tendresse et les mêmes craintes de me perdre. Je ne mésuse point de son attachement. C'est un mouvement naturel chez les hommes de se prévaloir de la foiblesse des autres : je ne saurois me servir de cette sorte d'art; je ne connois que celui de rendre la vie si douce à ce que j'aime qu'il ne trouve rien de préférable; je veux le retenir à moi par la seule douceur de vivre avec moi. Ce projet le rend aimable; je le vois si content que toute son ambition est de passer sa vie de même. Peut-être cela nous conduira à ce que nous désirons tant : la nature de son bien est un furieux obstacle. Dieu nous regardera peut-être en pitié : j'ai des mouvemens quelquefois bien durs à combattre. Ce qu'il y a de surprenant, c'est que je les ai eus toute ma vie : je me reproche... Hélas! que n'étiez-vous madame de Ferriol! Vous m'auriez appris à connoître la vertu. Mais passons sur cela ; cependant je suis, en fait d'amour, la plus heureuse personne du monde. Matière à réflexions pour de jeunes cœurs ! Pardonnez toutes mes foiblesses à l'aveu sincère que je vous en fais, et permettez que je vous parle de la petite. Elle est charmante : tout ce qui m'en revient m'empêche de me repentir de sa naissance ; et je crains que la pauvre petite n'en pleure plus que moi : sa figure embellit tous les jours. J'ai envoyé Sophie, sous prétexte d'aller voir sa tante; elle y a été quinze jours; elle en a été enchantée. Elle est adorée de tout le couvent; elle a de la raison, de la bonté et de la fermeté : on lui fit arracher quatre dents, elle ne jeta aucun cri. On l'en loua; elle répondit : « A quoi m'auroit-il servi de crier? ne falloit-il pas les arracher ? » Elle dit à Sophie qu'elle étoit bien fâchée que je n'allasse pas cette année la voir; qu'elle me prioit bien d'y venir l'autre; qu'elle me remercioit de toutes mes bontés; qu'elle savoit que l'on m'importunoit souvent pour elle, et qu'elle feroit tout ce qu'elle pourroit pour bien apprendre et être sage; qu'elle ne vouloit pas que je me rebutasse. Elle est très-caressante : la pauvre petite sent déjà, je crois, le besoin qu'elle a de l'être. Son bon ami est au désespoir de ne pouvoir pas la voir; il l'aime à la folie; il lui prend des envies d'aller la voir que j'ai bien de la peine à combattre. Nous travaillons à lui faire une dot, en cas qu'elle ne voulût pas se faire religieuse. Si Dieu nous prête vie, elle pourra avoir quarante mille livres et quatre cents livres de rente. Elle seroit très-bien mariée en province avec cela ; mais gare au pot au lait ! si elle avoit le malheur de nous perdre, elle seroit bien à plaindre. Je la recommanderai à d'Argental. Le chevalier a déjà placé deux mille écus pour elle seule. Adieu, madame : voilà une lettre assez longue pour être écrite de suite ; mais je suis seule, et j'ai voulu en profiter pour causer long-temps avec vous. Je vous envoie une petite boîte d'écaille, couleur de feu ; je n'ai pu me refuser la satisfaction d'y prendre du tabac un jour, pour que vous disiez, quand vous en prendrez dedans, qu'elle a servi à la personne du monde qui vous aime le plus.

LETTRE XVII.

J'ai reçu la lettre que vous m'avez fait l'honneur de m'écrire en réponse à un gros paquet que je craignois bien qui ne fût perdu. Le nouveau témoignage de votre amitié me comble de joie, et je recevrai votre écran avec transport, puisque c'est de l'ouvrage de ce que j'aime : cependant je me plains des souvenirs trop fréquens qu'il me donnera de vous. Je vous le dis avec vérité; j'ai autant de douleur de vous avoir perdue, que de joie de vous avoir pour amie : ces deux sentimens me combattent furieusement, et, si je n'avois pas l'espérance de vous revoir un jour, je ne sais, en vérité, si je voudrois vous avoir connue. Vous m'avez rendue si difficile que je suis toujours en colère. Pourquoi tous les cœurs ne sont-ils pas faits comme le vôtre, ou du moins pourquoi n'ont-ils pas une de vos bonnes qualités? Tout leur manque, probité inébranlable, sagesse, douceur, justice; tout n'est qu'apparence chez les hommes : le masque tombe à la plus petite occasion. Là probité n'est qu'un nom dont ils se parent; ils paroissent justes, et ce n'est que pour condamner la conduite des autres; de la douceur qui n'est qu'aigreur, de la générosité qui n'est que prodigalité, de la tendresse qui n'est que foiblesse : et toutes ces choses-là me font répéter à tous les instans que votre âme est capable de vertu dans sa perfection. Je m'aperçois que je blesse votre modestie : mes mouvemens du cœur vous sont connus; vous savez que je dis toutes ces choses parce que je les pense, et que je n'ai jamais su flatter aux dépens de la vérité : pardonnez, en faveur de mon attachement, la petite honte que vous avez eue en lisant vos louanges. Vous m'avez rendue comme M. le duc d'Orléans, à la différence près que je ne suis pas si perverse que lui, et que je crois qu'il y a une personne dans le monde véritablement raisonnable. Il croyoit tout le monde malhonnêtes gens; je suis bien prête à penser comme lui; cela me met très-souvent de mauvaise humeur, et je finis par vouloir devenir philosophe, trouver tout indifférent, ne m'affliger de rien, et tâcher d'être raisonnable pour ma propre satisfaction et pour la vôtre. Je travaille très-sérieusement à me rendre heureuse, à ne plus me chagriner; je sens que j'ai plus de besoin que jamais d'avoir du courage.

La mauvaise humeur règne ici à un point insoutenable : je me suis gendarmée; je vois que cela tourne contre moi. Le public est très-sévère parce qu'il ne juge que sur l'étiquette du sac, et mes peines lui paroissent petites : il lui semble que ce n'est que des bagatelles; mais, hélas! rien n'est bagatelle quand cela revient tous les jours. Je suis honteuse de me plaindre quand je vois tant de personnes qui valent bien mieux que moi et qui sont bien autrement malheureuses.

Il est temps de vous amuser un peu. Il est arrivé ici deux petites aventures que j'aurai du plaisir à vous conter parce que vous en aurez à les lire. Un gentilhomme de Périgord, fort riche, se maria, il y a plusieurs années, avec une demoiselle qui mourut sans lui laisser d'enfans. Les parens de sa femme le pensèrent ruiner pour la dot, et eurent des procédés si infâmes avec lui qu'il en eut beaucoup de chagrins et en fut malade. Cet homme avoit du goût pour le sacrement; mais ce qu'il avoit essuyé le fit résoudre de prendre une femme sans parens. Il écrivit à l'Hôtel-Dieu, et pria l'un des directeurs de lui chercher une fille trouvée, de dix-sept à vingt-deux ans, grande, bien faite, brune, les yeux noirs, les dents belles, et qu'il l'épouseroit. Le directeur montra cette lettre à M. d'Argenson, qui dit de faire sa commission. Il la fait : on dresse le contrat de mariage; le gentilhomme l'épouse; il en a eu trois enfans. Au bout de quelques années elle meurt. Son deuil fini, il récrit à un autre des directeurs de l'Hôtel-Dieu, le précédent étant mort. Il le prie de lui chercher une fille de trente-huit à quarante ans, blonde, grasse, fraîche et d'un bon tempérament; qu'il avoit passé les jours du monde les plus heureux avec celle qu'on lui avoit déjà choisie, et qu'il ne doutoit pas qu'il ne choisît aussi bien que l'ancien directeur, auquel il s'étoit adressé la première fois. Celui-ci va chez M. Hérault et montre la lettre qu'il vient de recevoir. M. Hérault lui dit, comme M. d'Argenson, de faire sa commission, qui étoit difficile parce que toutes les filles sont établies à cet âge-là. Il trouva enfin une sœur grise qui étoit telle qu'on la lui demandoit. Une des princesses de Conti a signé au contrat de mariage, il y a un mois.

Voici l'autre histoire. Il y a un homme qui demeure aux environs des quais, qui, depuis sept à huit ans, se promène dès une heure jusqu'à six sur un des quais, sans jamais y avoir manqué d'un jour, quelque temps qu'il fasse. M. Hérault, en ayant été averti, lui envoya dire qu'il vînt lui parler. Cet homme lui fit répondre qu'il n'iroit point, n'ayant rien à faire avec la police. M. Hérault s'y transporta, monta dans une chambre au quatrième, y trouva cet homme assis contre une table, qui lisoit, sa chambre garnie de livres. Il lui demanda pourquoi il ne venoit pas chez lui quand il le lui avoit fait dire. « Monsieur, lui répondit cet homme, je n'ai point l'honneur d'être de vos amis; et, Dieu merci, je n'ai rien à démêler avec la justice. — Il est vrai, lui répondit M. Hérault, qu'il ne m'est point revenu que vous fissiez de mal : mais pourquoi vous promener régulièrement, à la même heure, tous les jours, sur le quai? — Parce que cela me fait du bien, lui repartit le promeneur. Pour vous éclaircir ma conduite, ajouta-t-il, je vous dirai, monsieur, que je suis très-bon gentilhomme (il lui dit son nom). Je jouissois de vingt-cinq mille livres de rente: le Système est venu et il ne m'est resté que cinq cents livres de rente. J'ai pris le genre de vie proportionné à mon revenu; j'ai gardé mes livres: l'air de la rivière me convient, et je suis venu m'établir dans cette chambre. Un peu de vanité m'a engagé à changer de nom; je dîne tous les jours, à midi, avec du bœuf à la mode, qui est excellent dans ce quartier; je me lève de bonne heure, j'emploie ma matinée à lire, et, quand j'ai dîné, je vais prendre l'air sur le quai. Je suis très-heureux; je ne dépends de personne, et je ne dérange point ma santé par cet exact régime. » M. Hérault trouva cet homme de très-bon sens. Il conta cela au Cardinal, qui lui dit : « Mais, si cet homme tomboit malade, il n'auroit pas de quoi se soigner; dites-lui que le Roi lui donne trois cents livres de pension. » M. Hérault lui envoya dire de venir chez lui, se faisant beaucoup de plaisir de lui apprendre cette bonne nouvelle; mais l'homme lui fit répondre qu'il ne pouvoit y aller, demeurant trop loin de chez lui. M. Hérault y retourna pour la seconde fois, et lui dit que le Roi lui donnoit trois cents livres. Il les refusa, disant qu'il s'étoit arrangé avec cinq cents livres et qu'il n'en vouloit pas davantage. Malgré ce genre de vie, qui paroît triste, cet homme est fort gai. Il a deux amis, gens d'esprit, qui vont sur le quai pour causer avec lui. Il a beaucoup de connoissance du monde, du savoir, l'esprit simple et un talent singulier pour connoître, à la physionomie, le métier des gens qui passent. Il dira, par exemple : « Voilà le maître d'hôtel d'un évêque, en voilà un d'un financier ; voici un chevalier d'industrie ; celui-là est Gascon, celui-ci est Breton, » ainsi des autres. Adieu, ma chère madame; en voilà assez pour aujourd'hui. Je vous baise les mains mille fois.

LETTRE XVIII.

De Paris, 1729.

Je viens d'apprendre, madame, la perte que vous avez faite de M. de Cambiac. Sans savoir ses dispositions, je prends part à votre affliction. Je connois la bonté de votre cœur; vous serez toujours affligée, de quelque façon qu'il en agisse avec vous. J'espère que je n'aurai rien à reprocher à sa mémoire et qu'il vous aura rendu justice; j'en attends la nouvelle avec impatience. J'ai couru risque de me trouver à sa mort. Si le projet que l'on avoit fait d'aller à Pont-de-Veyle n'avoit pas été renvoyé, je l'aurois vu mourir. J'attendois d'être sûre de mon voyage, c'est la raison qui m'a empêchée de vous écrire. Je voulois vous le mander positivement; mais il y a trois mois que l'on en parle, et il n'y a pas de jour, depuis ce temps-là, que le projet ne change quatre ou cinq fois. Voilà où nous en sommes. Il est vrai que le temps de notre départ a été fixé au dix du mois prochain; il seroit temps de se préparer pour les paquets. Vous devez juger de l'empressement que j'ai que ce projet s'exécute, puisque j'aurois le bonheur de vous voir et de vous assurer de mon respectueux attachement. Il n'y a rien de si joli que mon écran; je ne permets pas à tout le monde de s'en servir. Je vis avec madame votre fille, qui est infiniment aimable; sa vertu, sa douceur, sa gaîté, la rendent charmante; sa figure est toujours très-belle, et, en vérité, vous la trouverez encore mieux. Son teint est plus démêlé, et elle a des couleurs à croire qu'elle met du rouge; et, toute connoisseuse que je suis pour cet ornement, j'y ai été trompée au point que je n'ai pu m'empêcher de lui frotter les joues, pour voir si elle n'en mettoit point. Elle a fait raccommoder son portrait, qui est à merveille à présent : elle est tentée d'en faire faire une copie pour vous la porter. Si je ne vais pas à Genève cette année, je la prierai de se charger du mien que je fais faire pour vous. Il sera en petit, c'est-à-dire d'un pied de haut, sur neuf pouces environ de large.

Nous sommes en guerre ouverte, madame de Tencin et moi, c'est-à-dire elle me l'a déclarée : pour moi, je me tiens coite; et, quand je suis forcée d'en parler, mes discours sont tranquilles et humbles; mais je tiens bon pour ne pas demander pardon, parce que je suis offensée et que j'ai assez de maîtres sans m'en donner de gaîté de cœur. Je la fais plus enrager par cette conduite, que si je me déchaînois contre elle. Monsieur son frère a tenu bon à toutes les attaques qu'elle a faites contre moi. Je ne lui en ai pas ouvert la bouche, excepté une fois qu'il m'en parla devant madame de Ferriol. Je lui répondis avec toute la modération imaginable, et je finis par lui dire que j'avois espéré que toutes ces tracasseries n'iroient point jusqu'à ses oreilles; que j'étois étonnée que l'on lui en eût parlé; qu'il pouvoit bien me rendre la justice que jamais je ne m'étois plainte à lui de tout ce qu'on me faisoit,

Cette conversation produisit une scène très-vive, le lendemain, entre le frère et la sœur. Cette dernière eut beau se plaindre, et tourner mes discours malignement, il la fit taire. Madame votre fille vous contera tout cela, qui seroit trop long à écrire. Je suis enfin contente de l'archevêque. Je connois bien son cœur, je l'aimerai et l'estimerai toute ma vie.

A propos, il y a long-temps que vous me demandez des vers que vous m'aviez prêtés, relativement à la mort de madame votre mère. Je les trouvai l'autre jour dans ma cassette; je les joins à cette lettre. La poste part; il ne me reste que le temps de vous assurer de mon très-humble respect.

LETTRE XIX.

De Pont-de-Veyle, 1729.

Nous voilà enfin arrivés à Pont-de-Veyle. Jugez, madame, de ma joie. J'aurai donc le plaisir de vous voir et de vous embrasser bientôt; j'ignore encore le moment où je jouirai de ce bonheur. J'attends que M. de Pont-de-Veyle soit ici, et les lettres de l'archevêque, pour m'arranger. D'ailleurs, madame votre fille est actuellement avec vous; cela vous partageroit trop : je veux la laisser établir. Nous avons tous eu bien du regret de ne l'avoir pas eue ici quelques jours. Monsieur son mari me vint voir le lendemain de son départ. Il m'attendrit beaucoup; je le trouvai si touché, et en même temps si raisonnable, si rempli de considération et d'estime pour madame votre fille, que, me connoissant, vous devez juger si je fondis en larmes. Il faut dédommager cette aimable femme de tous ses malheurs. Elle retrouvera des parens, des amies qui l'aiment bien tendrement. Mais, hélas! il en feroit plus de cas, si elle revenoit avec une fortune brillante. On pense de cette façon à Paris; et je crois que les hommes sont partout les mêmes. Pour vous, madame, votre tendresse et votre bonté vous la feront recevoir avec bien de la joie. C'est une grande douceur pour une mère de vivre avec une fille telle que la vôtre. Je vous la recommande comme ma sœur bien-aimée. Plaisante recommandation, penserez-vous! En a-t-elle besoin? N'est-elle pas ma fille, et une fille que j'aime tendrement?

J'avois laissé ma lettre pour recevoir M. de Pont-de-Veyle, qui vient d'arriver dans ce moment; il vous assure de ses respects. Je suis libre, et je serai bientôt auprès de vous. Préparez-vous à me trouver changée; je ne m'en soucie que pour vous, que j'aime et respecte de tout mon cœur.

LETTRE XX.

De Pont-de-Veyle, 1729.

Je ne puis vous dire, madame, la douleur où je suis de vous avoir quittée. J'ai le cœur si gros et si serré, que j'ai cru étouffer. La crainte de vous trop attendrir m'a fait me contraindre en me séparant de vous; j'ai fait ce que j'ai pu pour que vous ne vissiez pas couler mes larmes, mais j'en ai gagné un mal de tête affreux. Si je n'avois pas la certitude de vous revoir, je ne sais pas, en vérité, de quoi je serois capable. Les réflexions morales m'accablent : la vie me paroît si courte, pour essuyer de si grandes peines, que je ne veux plus faire de connoissances, dans la crainte de m'exposer à la peine où je suis. Mais tout cela se détruit à mesure que je le pense : je me dis que je ne trouverai jamais d'amie qui mérite d'être aimée sur tous les points comme vous. Je ne pense plus à la retraite; mes idées là-dessus sont évanouies. Je me priverois par là absolument de l'espérance de vous aller voir souvent; et d'ailleurs, madame, je sens trop les conséquences de ce parti-là depuis que nous en avons parlé ensemble. Je puis me conduire aussi bien dans le monde, et même mieux. Plus ma tâche est difficile, plus il y a de mérite à la remplir; et je dois, par reconnoissance, rester auprès de madame de Ferriol, qui a besoin de moi. Hélas! madame, je me rappelle sans cesse notre conversation dans votre cabinet : je fais des efforts qui me tuent. Tout ce que je puis vous promettre, c'est de ne rien épargner pour que l'une des choses arrive. Mais, madame, il m'en coûtera peut-être la vie : car, pour les espérances, elles sont si éloignées que je mourrai peut-être de vieillesse avant qu'elles arrivent. On m'a chargée de cent mille jolies choses pour vous; il est juste que je vous en fasse part. Voici deux articles de ses lettres : « Mille respects à votre amie : assurez-la qu'il y a tant de sympathie dans votre façon de penser et la mienne qu'il ne me seroit pas possible de ne pas partager avec vous les sentimens que vous avez pour elle. » Dans une précédente, que je reçus à Lyon : « Je vous félicite du plaisir que vous avez eu de voir et d'embrasser madame Calandrini. Je connois votre cœur, et je ne suis pas surpris des larmes que la joie vous a fait répandre. J'en ai répandu aussi, ma chère Aïssé, en lisant votre lettre, et je n'ai pas été plus touché de la peinture que vous me faites de vos transports que de l'empressement avec lequel madame Calandrini vous a reçue. Dites-lui bien, je vous prie, que j'ai une extrême reconnoissance des marques de son souvenir : le goût que l'on a pour la vertu doit être la mesure du respect que l'on a pour elle. Je la crois trop juste, et je lui crois trop de sentimens, pour condamner l'amitié que vous avez pour moi. Si vous pouviez lui peindre l'attachement que j'ai pour vous, ma chère Silvie ! Dites-lui bien qu'il n'y a jamais eu, et qu'il n'y aura jamais un moment dans ma vie où je cesse de vous aimer. Demeurez à Genève tout le temps que vous pourrez ; je regrette moins votre absence. J'imagine que votre santé y est en sûreté. Je suis en peine des fatigues du retour. Conservez-vous, ma chère Aïssé. Aimez-moi ; c'est le véritable fondement du bonheur de ma vie. »

Voilà, madame, bien des choses qui blessent ma modestie ; mais aussi je serai plus excusable à combattre si lentement et si foiblement. Hélas ! que l'on est heureuse quand on a assez de vertu pour surmonter de pareilles foiblesses : car, enfin, il en faut infiniment pour résister à quelqu'un que l'on trouve aimable, et quand on a eu le malheur de n'y pouvoir résister. Couper au vif une passion violente, une amitié la plus tendre et la mieux fondée ! Joignez à tout cela de la reconnoissance ; c'est effroyable ! la mort n'est pas pire. Cependant vous voulez que je fasse des efforts : je les ferai ; mais je doute de m'en tirer avec honneur, ou la vie sauve. Je crains de retourner à Paris. Je crains tout ce qui m'approche du chevalier, et je me trouve malheureuse d'en être éloignée. Je ne sais ce que je veux. Pourquoi ma passion n'est-elle pas permise ? pourquoi n'est-elle pas innocente ?

Mandez-moi au plus tôt de vos nouvelles. Permettez que je vous embrasse mille fois, et de tout mon cœur. Beaucoup d'amitiés à mesdames vos filles ; je les embrasse toutes. Souvenez-vous de votre Aïssé, et soyez persuadée de tout son attachement et de tout son respect pour vous ; il est extrême.

LETTRE XXI.

De Pont-de-Veyle, 1729.

J'ai retardé de vous écrire parce que j'ai été assez incommodée; j'ai eu une colique très-violente. Je n'ai pas manqué de dire que c'étoit vous qui m'aviez préservée, car je n'ai eu aucun mal à Genève; mes maux ont respecté ma joie : ils feroient bien mieux de ne pas se mêler à ma douleur. Je vous ai quittée, madame, avec un chagrin extrême. Vos lettres m'ont serré le cœur et ont renouvelé mes larmes. A chaque instant je me rappelle la douceur, la tranquillité, la candeur avec laquelle j'ai passé ce peu de temps auprès de vous. J'ai trouvé les personnes avec qui je vivois à Genève selon les premières idées que j'avois des hommes, et non pas selon mon expérience. Je me retrouvai presque, moi-même, comme dans le moment que j'entrois dans le monde, sans humeur, sans peines, sans chagrins. Combien tout a changé! Que les habitans de ces lieux sont différens de ceux des vôtres! Je n'ai pas eu un moment de bonne humeur depuis notre séparation. J'ai retrouvé ici des coliques, le serein, les concerts, les puces, les rats, et, qui pis est, des hommes, non pas de l'ancienne roche, mais de la nouvelle. Tenons-nous-en aux réflexions générales. Vous me pardonnerez bien de ne pas entrer, sur cette matière, dans des détails.

Vous m'affligez beaucoup de m'apprendre que madame votre belle-sœur P..... est malade; je sais combien vous l'aimez, et je l'estime et l'aime de tout mon cœur. J'ai fait vos complimens à l'archevêque (1) et aux autres, qui vous en remercient. Ce premier m'a fait beaucoup de questions sur mon séjour auprès de vous, sur la douleur de nous séparer, et sur votre ville. Il se flatte qu'on l'aime un peu dans ce pays. Je n'ai pas manqué de lui dire que l'on m'avoit demandé de ses nouvelles. J'ai nommé les gens, qu'il dit ses amis. Il m'a grondée de ne lui avoir pas emprunté sa litière pour vous aller voir, qu'il y seroit allé lui-même très-volontiers, vous aimant beaucoup. Il me fit faire la description de votre maison de campagne, de la façon dont vous viviez en ville, en un mot, soit pour me dire des choses obligeantes, soit par amitié pour vous. Il réussit très-bien, car je lui sus le

(1) L'archevêque d'Embrun.

meilleur gré du monde de toutes ses questions. Pour sa sœur, elle ne m'en fit que très-peu, et elle cherchoit des discours pour elle, et rien autre. M. de Pont-de-Veyle partage de tout son cœur mon enthousiasme.

Nous passons, d'ailleurs, notre temps ici assez tristement. Le matin, après la messe, l'archevêque s'enferme avec un jésuite jusqu'à dîner. Après le dîner, une partie de quadrille, pleine de rapine et d'aigreur : le tout pour cinq sous que l'on ne paie point; toujours une compagnie de la ville, peu divertissante et à qui il faut faire autant de cérémonies qu'à des intendans. Sur le soir, on va se promener. La maîtresse du logis et moi, nous restons, l'une à lire, l'autre à tricoter ou à découper. Après la promenade, un concert qui arrache les oreilles. On soupe très-mal; on n'a ni bons poissons, ni des amies. Songez-vous bien à la différence de ce séjour à Genève pour moi, et combien j'ai de raisons pour vous regretter?

Vous pouvez m'écrire en toute sûreté : on me rend directement mes lettres. La personne qui les retire a ordre de les remettre à moi seule, pas même à ma fidèle Sophie. La peur que l'on a de payer les ports de lettres fait que l'on n'ose pas demander si j'en ai eu. L'archevêque paie mes places et celle de Sophie dans la diligence : c'est bien honnête à lui, assurément. Malgré toutes les avarices de madame de Ferriol, sa mauvaise humeur et ses discours souvent désobligeans, elle étoit dans une grande inquiétude de ma santé pendant mon séjour auprès de vous. Elle disoit : « Elle est partie malade; elle a la fièvre ou la petite vérole. » Elle paroissoit aussi en peine de moi que de son fils. Sa femme de chambre disait à Sophie que sa maîtresse ne pouvoit passer l'hiver auprès de son frère, à Embrun, sans moi, et que la crainte que je ne voulusse pas y aller l'empêcheroit d'y penser. Concevez-vous, madame, à la façon dont elle en agit avec moi, qu'elle puisse regarder comme un malheur de ce que je serois séparée d'elle? D'Argental m'a écrit : je reçus sa lettre en revenant de chez vous. Il y avoit cent mille choses pour vous; je vous les laisse imaginer : ma lettre seroit trop longue si je vous les répétois. Nous partons d'ici, dans quinze jours, pour aller à Ablon. Madame de Ferriol y sera dix ou douze jours. Pour moi, j'irai à Sens, voir qui vous savez (1). J'y resterai le plus que je pourrai. Madame de Ferriol m'y viendra joindre. Vous aurez des détails de mon entrevue : j'aurai vu cette année tout ce qui m'est cher. Adieu, madame; mes sentimens et mon âme vous sont dévoués.

(1) Sa fille, au couvent.

LETTRE XXII.

De Pont-de-Veyle, novembre 1729.

Voilà enfin le bienheureux jour arrivé. Je pars d'ici demain matin, et je n'ai que la nuit à passer. Madame de Ferriol avoit bien raison de dire que je ne pouvois tenir ici. En revenant de chez vous, je suis morte d'ennui, et ma santé, d'accord avec l'ennui, m'a très-maltraitée. Je me suis fait saigner : cela ne m'a point réussi : mes maux de tête et mes coliques sont toujours aussi fréquens; peut-être est-ce l'air du pays et les eaux.

J'attendois une réponse de vous avant de partir, mais j'espère que vous aurez la bonté de m'écrire à Sens. J'y serai le 15 de ce mois. Mon adresse est chez madame de Villette (1), abbesse de Notre-Dame.

---

(1) Isabelle-Louise-Sophie Le Valois de Villette, abbesse de l'abbaye de Notre-Dame de La Pommeraye; morte le 21 mai 1777, âgée de quatre-vingt-un ans. Elle était nièce de Mme de Bolingbroke.

Madame de Bolingbroke a pensé mourir, à Reims, d'une colique à quoi elle est sujette. Elle a été à l'extrémité; elle est mieux, et je la trouverai à Sens. Mandez-moi de vos nouvelles et de celles de madame P..... Sa sciatique m'inquiète. Vous êtes, je crois, de retour en ville, assise sur ce bon canapé, avec vos aimables filles autour de vous, et toute votre famille empressée à vous voir. Vous jouissez de l'estime et de l'amitié de tout ce qui est auprès de vous, et vous n'avez aucun sentiment pénible à combattre. Que je souhaiterois passer mes jours ainsi! Vous savez à qui je dois des complimens : voulez-vous bien les faire à votre choix? Pour monsieur votre mari, je ne vous en charge pas : j'ai remarqué que vous aviez toujours un peu de jalousie. Madame votre fille voudra bien lui faire quelques agaceries de ma part, et me rendre ce petit service; en reconnoissance, je l'embrasse de tout mon cœur.

Madame de Nesle (1) est morte, dit-on, de la rougeole; mais les amies particulières, et qui sont, par conséquent, au fait, disent qu'il y avoit complication de maux, et que de plus robustes qu'elle y auroient succombé. M. de Richelieu est dans le même

---

(1) Armande-Félix Mazarin, marquise de Nesle, morte à Paris le 14 octobre 1729.

cas, excepté qu'il n'est pas mort, mais on me mande qu'il se meurt. Madame d'Aumont et son mari, qui n'ont que la rougeole, s'en tirent très-bien. Je ne sais si je vous ai mandé que M. de La Ferrière marie sa fille (1) à un homme qui a vingt mille livres de rente, et qui demeure à Lyon. C'est une grande joie pour la mère d'avoir sa fille auprès d'elle. Ils méritent bien tous deux de trouver ce beau parti, car ils avoient refusé pour leur fille un homme fort riche, mais vieux et qu'elle n'auroit pu aimer. Ils lui donnent dix mille écus, et vingt mille francs après leur mort. C'est une très-aimable fille. Adieu, madame; j'ai bien de la peine à vous quitter. Plût à Dieu que je fusse avec vous réellement! je ne pourrois plus m'en séparer. Il m'en a trop coûté et il m'en coûte trop tous les jours en m'en souvenant. Adieu, madame, je vous aime de tout mon cœur. Je vais encore m'éloigner de vous, et ce n'est pas sans regrets. Vous aurez de mes lettres quand je serai à Paris : je serai trop occupée à Sens pour avoir le temps de vous écrire.

(1) Probablement Magdelaine de Masso de La Ferrière, qui épousa de Vaux de Giry, frère de l'abbé de Saint-Cyr. Elle était fille de Pierre de Masso, seigneur de La Ferrière, sénéchal de Lyon, et d'une demoiselle de Chaponcy.

LETTRE XXIII.

De Paris, 17 novembre 1729.

Vous m'avez demandé un compte exact de mon retour à Paris et de mon séjour à Sens. J'ai trouvé la petite très-grande, mais fort pâle. Sa figure est noble : elle est bien faite ; elle a les plus beaux yeux que vous ayez vus, l'air délicat. Elle a de l'esprit, de la douceur, de la raison, mais d'une distraction inouïe, le caractère et le cœur à souhait. Je crois, sans prévention, que ce sera un bon sujet. La pauvre petite m'aime à la folie : elle fut si saisie de joie de me voir qu'elle fut prête à se trouver mal. Vous devez juger de tout ce que je sentis en la voyant : mon émotion étoit bien vive, d'autant plus qu'il falloit la cacher. Elle me dit cent fois que c'étoit un bien heureux jour pour elle que celui de mon arrivée. Elle ne pouvoit me quitter ; et cependant, dès que je la renvoyois, elle s'en alloit avec une douceur extrême ; elle écoutoit mes avis, et paroissoit appliquée à en profiter. Elle ne cherchoit point à s'excuser de ses fautes, comme les enfans. Hélas! la pauvre petite, quand je suis partie, étoit si pénétrée de douleur que je n'osai la regarder, tant elle m'attendrissoit : elle ne pouvoit parler. J'emmenai l'abbesse avec moi pour voir madame de Bolingbroke qui étoit à Reims, où elle avoit été très-mal, et qui comptoit de là aller à Paris. Tout le couvent étoit en pleurs du départ de l'abbesse, et la pauvre petite disoit : « Pour moi, mesdames, je suis aussi fâchée que les autres de vous voir partir; mais je crois que cela est nécessaire, et que madame de Bolingbroke sera bien aise de vous voir et que votre vue lui fera du bien : c'est ce qui me console un peu de votre départ; » et puis la pauvre petite étouffoit. Elle s'assit sur une chaise, n'ayant pas la force de se soutenir, et elle m'embrassoit et me disoit : « Voilà un furieux contre-temps, ma bonne amie, car vous seriez restée ici davantage. Je n'ai ni père, ni mère : soyez, je vous prie, ma mère; je vous aime autant que si vous l'étiez. » Vous jugez, ma chère madame, dans quel embarras ce discours me mettoit; mais je me suis très-bien conduite. J'y ai resté quinze jours, et mon rhumatisme m'a prise là : je fus perclue de tout mon corps. Pendant deux jours, elle ne me quitta pas. Elle resta cinq heures d'horloge au chevet de mon lit, sans qu'elle voulût me quitter; elle me lisoit pour m'amuser, et puis elle m'entretenoit, et je m'assoupissois un moment. Elle craignoit de me réveiller, et n'osoit respirer. Une personne de trente ans n'auroit pas été plus capable d'attention. Mademoiselle de Noailles vouloit qu'elle vînt jouer avec elle : elle la pria de l'en dispenser, ne voulant point me quitter. Enfin, madame, je suis persuadée que, si elle avoit le bonheur d'être connue de vous, vous l'aimeriez beaucoup. Madame de Bolingbroke la veut emmener avec elle et avoir soin de sa fortune, ce qui afflige terriblement qui vous savez; il en est fou. Je ne puis exprimer toute la joie qu'il a eue de mon retour : tout ce que la vivacité d'une passion violente peut faire faire et dire, il l'a fait et dit. Si c'est jeu, il est bien joué. Il est revenu plusieurs fois, après de longues et pénibles chasses. Enfin le Roi lui dit la dernière fois, quand il demanda congé (car il faut le demander toujours au Roi directement), ce qu'il avoit tant à faire à Paris : il fut déconcerté de la demande, et rougit; il ne put dire autre chose sinon qu'il avoit des affaires.

Ce 2 décembre.

Depuis seize jours que cette lettre est écrite, le chevalier est revenu de Marly avec la fièvre, une attaque d'asthme et un rhumatisme sur les reins; il souffre beaucoup. Je suis dans un état violent; il faut que je vous écrive pour me distraire : je n'ai de consolation que celle de penser à vous. Si j'étois plus raisonnable, j'oserois vous faire part de toutes mes réflexions. J'ai beaucoup de chagrins; il n'y auroit que vous qui pourriez entrer dans mes peines. Le résultat de tous mes regrets, c'est que je vous aime tendrement, que vous méritez de l'être et qu'il n'y a que vous dans le monde qui en êtes digne. Vous me répondrez à cela qu'il y a bien de l'orgueil et de l'amour-propre dans ce que je dis. Il peut y en avoir un peu; mais ce n'est point dans le sens que vous l'entendez. Je suis très-imparfaite; mais j'exige des autres ce que je n'ai pas moi-même. Toutes vos qualités me sont agréables, quoique je n'aie pas le bonheur de les posséder. La vertu, l'esprit, la douceur, la délicatesse, l'honnête sensibilité, la pitié pour les malheureux et pour ceux qui ne sont pas dans le bon chemin, sont des qualités utiles pour les autres, quoique l'on ne les possède pas soi-même. Encore une chose qui satisfait mon cœur, c'est que je sens que je puis dire tout ce que je pense de vous sans pouvoir être accusée de prévention ni de flatterie. Vous êtes, enfin, selon mon cœur et mon âme. L'amour partage mon cœur avec vous, madame; mais, si je ne trouvois pas dans l'objet ces vertus que j'aime en vous, il ne subsisteroit pas. Vous m'avez rendue délicate sur cet article. Je l'avoue à la honte de l'amour, il cesseroit s'il n'étoit pas fondé sur l'estime. Adieu, madame.

LETTRE XXIV.

De Paris, 1730.

Vous êtes surprise, madame, que j'aie été si long-temps sans avoir eu l'honneur de vous écrire : ce n'est pas assurément que je n'en eusse une grande envie; mais j'ai été assez incommodée d'un très-gros rhume qui m'a fait garder le lit. J'ai voulu plusieurs fois me lever de bonne heure pour me mettre à mon écritoire, pour causer avec vous, et toutes les fois j'ai été interrompue, soit par des visites ou par des invitations. J'ai été, premièrement, nichée dans un galetas pendant quinze jours que madame de V.... et sa compagnie se sont emparées de ma chambre et de tous mes ustensiles. Après cela, madame de Bolingbroke est arrivée de Reims malade, et dans un grand besoin de nous tous pour l'aider à se ranger dans sa maison et à recevoir ses visites; elle est un peu mieux. Toutes les personnes qui ont des bontés pour moi se relaient pour ne pas me laisser un instant tranquille; je ne suis pas rentrée pour me coucher avant trois heures du matin. Je vis hier monsieur votre neveu, que j'ai trouvé beau et bien fait. Je viens d'apprendre quelque chose qui m'a surprise. M. de Bellegarde a dit à M. de Marcieux que madame votre cousine n'avoit jamais voulu l'écouter comme amant; qu'elle lui avoit dit que ses discours ne lui convenoient pas, et que, s'il continuoit, elle ne le verroit plus; qu'un homme de sa naissance et de son âge devoit mieux faire que l'amour; qu'il devoit aller dans les pays étrangers chercher du service; qu'elle lui prêteroit dix mille écus, et que, s'il avoit besoin de davantage, elle le lui feroit tenir; qu'elle ne disconvenoit pas qu'elle n'eût beaucoup d'estime et d'amitié pour lui, mais qu'elle ne vouloit point d'amour. Il a assuré M. de Marcieux, à qui il a raconté cette conversation telle qu'elle étoit, qu'il partoit tout de suite pour la Pologne, et que n'ayant aucun secours de sa famille il se trouvoit dans le cas d'accepter les offres de madame V...., et qu'il devoit aux procédés généreux et désintéressés de cette dame la plus grande reconnoissance (1). Je ne puis m'empêcher, je vous l'avoue, de trouver cela très-bien, si cela est.

Je suis si lasse des humeurs de mademoiselle Bideau que je suis résolue de me tirer de ses pattes à quelque prix que ce soit. Je vendrai ce qui me reste de pierreries, me défaisant sans regrets de ces joyaux qui me divertissent, mais qui me seroient insupportables si je continuois d'avoir un fardeau si pesant. Elle exige beaucoup de moi : elle trouve que je lui ai trop d'obligations pour que ma reconnoissance soit bien grande. Elle traite de manie et de sottise ce qu'elle a pratiqué toute sa vie. La dévotion, qui est à présent sa seule ressource, sert encore à me tyranniser. Rien n'est si difficile que de faire son devoir auprès de gens que l'on n'aime point, et que l'on n'estime point. Madame de Ferriol est d'une avarice sordide : elle ne fait plus que végéter, mais d'une façon si triste ! Elle est si aigre que personne n'y peut tenir : tout le monde l'aban-

---

(1) M. de Bellegarde, cadet sans fortune, fut ensuite en Pologne, où il épousa la sœur du maréchal de Saxe, fille d'Aurore de Kœnigsmark. Rien de plus vrai. (Note de Voltaire.) — Claude-Marie d'Antremont, d'abord chevalier, puis comte de Bellegarde, mourut à Paris, âgé de cinquante-cinq ans, le 26 février 1755. Il était alors envoyé extraordinaire du roi de Pologne auprès du roi de France.

donne. D'Argental m'a tant parlé de vous et des vôtres, et avec tant d'attachement, que je lui en sais un gré infini et l'en aime davantage.

Le maréchal d'Uxelles a quitté la cour avec courage; mais il est comme Charles-Quint, il s'en repent. Il se flatte, dit-on, que le Roi lui ordonnera de revenir; mais il ne lui a rien dit. On assure que c'est à l'occasion du traité (1) qu'il l'a quittée : cela lui fait honneur, car le public n'en a pas été content.

Le chevalier est mieux. Je voudrois bien qu'il n'y eût plus de combat entre ma raison et mon cœur, et que je pusse goûter parfaitement le plaisir que j'ai de le voir; mais, hélas! jamais. Mon corps succombe à l'agitation de mon esprit : j'ai de grandes coliques d'estomac; ma santé est furieusement dérangée. Adieu, madame : je finis cette lettre qui n'est qu'une rapsodie; je ne sais comment vous vous en tirerez.

(1) Le traité de Séville, conclu entre la France, l'Angleterre et l'Espagne, le 9 novembre 1729.

LETTRE XXV.

De Paris, mars 1730.

Je vis hier M. de Villars (1) qui me dit qu'il vous enverroit son portrait incessamment: il a été assez incommodé. Je lui sus bien bon gré de ce qu'il passa deux heures dans ma chambre; nous fûmes seuls, et nous parlâmes de Genève tout à notre aise. Depuis trois mois je suis garde-malade; madame de Bolingbroke a été très-mal. Je l'ai vue beaucoup souffrir; j'ai cru plusieurs fois qu'elle resteroit dans mes bras; elle est actuellement dans un état très-languissant. Elle ne mange presque point; et son dégoût seul seroit capable de mettre aux abois une personne en santé. Elle a toujours une fièvre lente : il y a des momens où l'on craint qu'elle ne s'éteigne comme une chandelle. Elle a bien du courage,

(1) Charles de Villars-Chandieu, capitaine aux gardes suisses; mort à Paris, le 10 juillet 1737, âgé de quarante ans.

et c'est ce qui la soutient. Vous ne croiriez pas en l'entendant causer, quelquefois, qu'elle fût malade, à la maigreur près, qui est extrême. La machine s'affoiblit tous les jours ; elle a un peu mieux mangé ces deux jours. Silva et Chirac, ses médecins, ne connoissent point son mal et ne travaillent pas avec connoissance de cause. Madame de Ferriol ne veut point remédier, opiniâtrément, à une bouffissure qui est répandue sur son visage. Elle est d'un changement si grand que, si vous la rencontriez, vous ne la reconnoîtriez pas : elle est menacée d'apoplexie et d'hydropisie. Elle est engourdie au point que, quand elle reste une demi-heure assise, elle ne peut se relever ; elle dort partout. La maladie de son maréchal la tient un peu alerte ; elle en est très-affligée.

Il faut vous parler de nouvelles. Vous savez apparemment la mort du Pape : le cardinal Alberoni se flatte de l'être. Les sauvages de la Louisiane ont égorgé une colonie françoise. Une sauvagesse aimoit un François, et l'avertit de ce qu'on tramoit contre sa nation. Celui-ci le dit au commandant, qui fit comme le maréchal de Villars et crut que l'on n'oseroit point l'attaquer. Il a été puni comme son modèle ; car il a été le premier égorgé. La question est de savoir lequel a été le plus puni. L'exil pour un homme ambitieux est pire que la mort : le commandant auroit peut-être préféré la vie. On prétend que les Anglois ont animé les sauvages : on est très-embarrassé sur le parti à prendre avec eux. Cela a fait baisser les actions et a causé bien des alarmes. Pour moi, j'en ai une très-petite parce que j'y suis bien peu intéressée, n'ayant que la moitié d'une action ; mais, mes amis en ayant, cela suffiroit pour que j'en fusse inquiète. J'en ai parlé à une personne assez au fait qui m'a assurée que l'on feroit mal de les vendre. La vie est si mêlée de chagrins qu'il faut, madame, n'être pas si sensible. Moi qui vous parle, je me tue de sensibilité.

M. Orry, intendant de Quimper-Corentin, vient d'être fait contrôleur-général : on a remercié M. Des Forts (1). On dit que le nouveau ministre a de l'esprit et de la capacité. Cela a pourtant surpris tout le monde. Mes chères sœurs, permettez-moi ce nom à mesdames vos filles, j'ai pour elles les sentimens que l'on a pour d'aimables sœurs : embrassez-les, je vous prie, pour moi, aussi bien que votre mari, pour qui j'aurai toute ma vie de la coquetterie et de la reconnoissance.

Je suis très-incommodée depuis six semaines. J'ai de la diarrhée qui m'a débarrassée de mon rhuma-

---

(1) Michel-Robert Le Pelletier Des Forts, comte de Saint-Fargeau. Il avait été nommé contrôleur-général des finances le 14 juin 1726. Mort à Paris le 11 juillet 1740.

tisme et de mes coliques; mais le remède pourroit être plus dangereux que le mal. Je suis maigrie et très-foible, je vais prendre de l'émétique. Adieu, madame; aimez-moi toujours un peu. Soyez persuadée que personne ne vous aime plus tendrement, ne vous estime et ne vous honore plus parfaitement. Vous feriez le bonheur de ma vie, si je pouvois vivre avec vous. Notre séparation me paroît tous les jours plus cruelle et m'afflige sensiblement. Quelque malheur qu'il y ait à sentir, mes sentimens pour vous seront toujours de la dernière vivacité.

LETTRE XXVI.

De Paris, mars 1730.

Je boude de votre dernière lettre. Vous m'accusez, avec la dernière injustice, de ne pas vous aimer, et vous ajoutez que lorsque l'on aime l'on adopte les sentimens et la façon de penser de nos amis. Hélas! madame, je vous ai vue malheureusement beaucoup trop tard. Ce que je vous ai dit cent fois, je vous le répéterai. Dès le moment que je vous ai connue, j'ai senti pour vous la confiance et l'amitié la plus forte. J'ai un sincère plaisir à vous ouvrir mon cœur; je n'ai point rougi de vous confier toutes mes foiblesses : vous seule avez développé mon âme; elle étoit née pour être vertueuse. Sans pédanterie, connoissant le monde, ne le haïssant point, et sachant pardonner suivant les circonstances, vous sûtes mes fautes sans me mésestimer. Je vous parus un objet qui méritoit de la compassion et qui étoit coupable sans trop le savoir. Heureusement c'étoit aux délicatesses même d'une passion que je devois l'envie de connoître la vertu. Je suis remplie de défauts, mais je respecte et j'aime la vertu : ne m'ôtez pas, par un soupçon, ce mérite-là. Que je vous suis obligée d'aimer quelqu'un qui pratique si mal les conseils que vous lui avez donnés, et qui suit encore moins de si bons exemples! Mais ma passion est forte; tout me la justifie. Il me semble que je serois ingrate et que je dois conserver l'amitié du chevalier pour cette chère petite. Elle est un nœud qui entretient notre passion; souvent ce nœud me la fait envisager comme mon devoir. Si vous êtes équitable, croyez qu'il ne m'est pas possible de vous aimer plus que je vous aime : non, vous n'en doutez point. J'ai pour vous l'amitié la plus tendre : je vous aime comme ma mère, ma sœur, ma fille, enfin comme tout ce qu'on doit aimer. Mon attachement renferme tous les sentimens, l'estime, l'admiration et la reconnoissance; et rien ne peut jamais effacer de mon cœur une amie aussi estimable que vous. Ne me dites donc plus des choses qui m'affligent.

J'ai retardé de vous écrire, vous l'avouerai-je? dans le dessein de vous punir; mais je me suis assurément punie de ce sentiment de vengeance en me privant de mon unique plaisir, qui est de m'entretenir avec vous. D'Argental vous assure de ses respects. La mort de la Lecouvreur (1) l'a beaucoup occupé. Je vais vous conter toute cette histoire un peu au long.

Madame de Bouillon (2) est capricieuse, violente, emportée, excessivement galante; ses goûts s'étendent depuis le prince jusqu'aux comédiens. Dans le mois dernier, elle se prit de fantaisie pour le comte de Saxe, qui n'en eut aucune pour elle. Ce n'est point qu'il se piquât de fidélité pour la Lecouvreur, qui est depuis long-temps sa véritable inclination, car il avoit, avec cette passion, mille goûts passagers; mais il n'étoit ni flatté ni curieux de répondre

---

(1) Adrienne Lecouvreur, l'une des plus grandes tragédiennes qui aient paru sur la scène française, mourut à Paris le 20 mars 1730.

(2) Voyez ci-dessus, page 174, note 3.

aux emportemens de madame de Bouillon, qui fut outrée de voir ses charmes méprisés et qui ne mit pas en doute que la Lecouvreur ne fût l'obstacle qui s'opposoit à la passion que le comte devoit avoir naturellement pour elle. Pour détruire cet obstacle, elle résolut de se défaire de la comédienne. Elle fit faire des pastilles pour servir à cet horrible dessein, et elle choisit un jeune abbé (1) qu'elle ne connoissoit point pour être l'instrument de sa vengeance. Cet abbé a le talent de peindre. Il fut abordé par deux hommes, aux Tuileries, qui lui proposèrent, après une conversation assez longue et qui rouloit sur sa pauvreté, de se tirer de sa misère et de s'insinuer, à la faveur de son habileté à peindre, chez la Lecouvreur, et de lui faire manger des pastilles que l'on lui donneroit. Le pauvre abbé se défendit beaucoup sur la noirceur du crime : les deux hommes lui répondirent qu'il ne dépendoit plus de lui de refuser, qu'il lui en coûteroit la vie s'il n'exécutoit pas ce que l'on lui demandoit. L'abbé, effrayé, promit tout. On le conduisit chez madame de Bouillon qui lui confirma les promesses et les menaces, et lui remit les pastilles. L'abbé demanda quelques

(1) *La Bastille dévoilée* (première livraison, p. 72) signale au nombre des personnes incarcérées en 1730 « le sieur abbé Bouret, pour l'affaire de la duchesse de Bouillon et de la Lecouvreur, comédienne. »

jours pour l'exécution de ses projets. Mademoiselle Lecouvreur reçoit un jour, en rentrant chez elle avec un de nos amis et une comédienne nommée Lamothe, une lettre anonyme par où on la prie instamment de venir seule ou avec quelqu'un de sûr au jardin du Luxembourg, et qu'au cinquième arbre d'une des grandes allées elle trouvera un homme qui avoit des choses de la dernière conséquence à lui apprendre. Comme c'étoit précisément l'heure du rendez-vous, elle remonte en carrosse et y va avec les deux personnes qui étoient avec elle. Elle trouve l'abbé qui l'aborde et lui raconte l'odieuse commission dont il est chargé, et qu'il est incapable d'un crime comme celui-là; mais qu'il est dans une grande perplexité, parce qu'il étoit sûr d'être assassiné. La Lecouvreur lui dit qu'il falloit, pour la sûreté de l'un et de l'autre, dénoncer toute cette affaire au lieutenant de police. L'abbé répondit qu'il craignoit, en le faisant, de se faire des ennemis qui étoient trop puissans pour qu'il y pût résister; mais que, du moment qu'elle croyoit cette précaution nécessaire pour sa vie, il ne balançoit point à soutenir ce qu'il lui avoit dit. La Lecouvreur le mène dans son carrosse chez M. Hérault qui, sur l'exposition du fait, demanda à l'abbé les pastilles et les jeta à un chien qui creva un quart d'heure après. Il lui demanda ensuite laquelle des deux Bouillon (1) lui avoit donné cette commission, et quand l'abbé lui répondit que c'étoit la duchesse il n'en fut point surpris. M. Hérault continua à le questionner et lui demanda s'il oseroit s'exposer à soutenir cette affaire : l'abbé lui répondit qu'il pouvoit le faire mettre en prison et le confronter avec madame de Bouillon. Le lieutenant de police les renvoya, et fut instruire le Cardinal de cette aventure. Celui-ci fut très-irrité : il vouloit, dans les premiers momens, qu'on instruisît cette affaire avec beaucoup de sévérité; mais les parens et les amis de la maison de Bouillon persuadèrent le Cardinal de ne point mettre au jour une chose aussi scandaleuse que celle-là, et l'on parvint à l'assoupir. Au bout de quelques mois, on ne sait ni par où ni comment, cette aventure fut publique. Elle fit un bruit horrible. Le beau-frère de madame de Bouillon en parla à son frère, et lui dit qu'il falloit absolument que sa femme se lavât d'un pareil soupçon et qu'il devoit demander une lettre de cachet pour faire enfermer l'abbé. Il ne fut pas difficile d'obtenir cette lettre de cachet : on arrêta le pauvre malheureux et on le mena à la Bastille. On

(1) L'une d'elles, la duchesse, est celle qui se trouve si tristement compromise dans cette affaire. L'autre était Marie-Charlotte Sobieski, mariée en 1724 à Charles-Godefroi de La Tour d'Auvergne, *prince* de Bouillon.

le questionna; il soutint avec fermeté ce qu'il avoit dit. On lui fit beaucoup de menaces et bien des promesses s'il vouloit se dédire. On lui proposa toutes sortes d'expédiens, comme de folie ou de passion pour la Lecouvreur qui l'a engagé à faire cette fable pour s'en faire aimer. Rien ne l'ébranla, et il ne varia jamais dans ses réponses. On le garda en prison. La Lecouvreur écrivit au père de l'abbé qui demeuroit en province et qui ignoroit le malheur de son fils. Le pauvre homme vint tout de suite à Paris, sollicita, et demanda que l'on fît le procès dans les formes à son fils ou qu'on lui rendît la liberté. Il s'adressa au Cardinal qui demanda à madame de Bouillon si elle vouloit que l'on instruisît cette affaire, parce que l'on ne pouvoit le retenir en prison sans cela. Madame de Bouillon redoutoit des éclaircissemens; et, comme elle ne pouvoit le faire assassiner à la Bastille, elle consentit à son élargissement. Pendant deux mois que le père est resté à Paris, on n'a rien dit au fils. Le père étant retourné chez lui, l'abbé a eu l'imprudence de rester à Paris. Il a disparu tout à coup; on ne sait s'il est mort; on n'en entend plus parler. Depuis cela, la Lecouvreur a été sur ses gardes. Un jour, à la Comédie, après la grande pièce, madame de Bouillon lui envoya dire de venir dans sa loge. La Lecouvreur fut extrêmement surprise et répondit qu'elle étoit dans un déshabillé qui ne lui permettoit pas de paroître devant elle : la duchesse envoya une seconde fois. A cette seconde semonce elle répondit que, si elle lui pardonnoit de paroître, le public ne lui pardonneroit pas ; mais qu'elle se tiendroit sur son passage, quand elle sortiroit, pour lui obéir. Madame de Bouillon lui fit dire de n'y pas manquer, et, en sortant, elle la trouva, lui fit toutes sortes de caresses, lui donna beaucoup de louanges sur son jeu et l'assura qu'elle avoit eu un plaisir infini à lui voir exécuter aussi bien le rôle qu'elle avoit joué. Quelque temps après, la Lecouvreur se trouva mal au milieu d'une pièce que l'on ne put achever. Quand le comédien vint en faire compliment, tout le parterre demanda de ses nouvelles avec empressement. Depuis ce jour elle a dépéri et maigri horriblement. Enfin, le dernier jour qu'elle a joué (1) elle faisoit Jocaste dans l'*Œdipe* de Voltaire. Le rôle est assez fort. Avant de commencer, il lui prit une dyssenterie si forte que, pendant la pièce, elle fut vingt fois à la garde-robe et rendoit le sang pur. Elle faisoit pitié de l'abattement et de la foiblesse dont elle étoit ; et, quoique j'ignorasse son incommodité, je dis deux ou trois

(1) 15 mars.

fois à madame de Parabère qu'elle me faisoit grand'pitié. Entre les deux pièces on nous dit son mal. Ce qui nous surprit, c'est qu'elle reparut à la petite pièce et joua, dans *le Florentin,* un rôle très-long et très-difficile, et dont elle s'acquitta à merveille, et où elle paroissoit se divertir elle-même. On lui sut un gré infini d'avoir continué pour que l'on ne dît pas, comme on l'avoit fait autrefois, qu'elle avoit été empoisonnée. La pauvre créature s'en alla chez elle, et quatre jours après, à une heure après-midi, elle mourut, lorsqu'on la croyoit hors d'affaire. Elle eut des convulsions, chose qui n'arrive jamais dans les dyssenteries : elle finit comme une chandelle. On l'a ouverte : on lui a trouvé les entrailles gangrenées (1). On prétend qu'elle a été empoisonnée dans un lavement. Son testament a été fait quatre mois avant sa mort. On ne doute point qu'elle n'eût quitté la Comédie à la clôture. Tout le public a une grande compassion de sa misérable fin. Si la dame soupçonnée fût venue à la Comédie dans ces entrefaites, elle auroit été chassée du spectacle. Elle a eu le front d'en-

---

(1) Elle mourut, entre mes bras, d'une inflammation d'entrailles; et ce fut moi qui la fis ouvrir. Tout ce que dit mademoiselle Aïssé sont des bruits populaires qui n'ont aucun fondement. (Note de l'écriture même de Voltaire, et signée de lui.)

voyer à la porte de la Lecouvreur, tous les jours, savoir de ses nouvelles. Elle a fait d'Argental exécuteur de son testament: il a eu assez d'esprit pour se mettre au-dessus du ridicule, et il a été approuvé des gens sages. M. Berthier dit qu'il a très-bien fait, qu'un honnête homme ne doit jamais refuser les occasions de faire du bien. Vous pouvez être assurée de tout ce que je viens de vous conter; je le tiens d'une amie de la Lecouvreur. Adieu, madame; ne doutez plus, s'il vous plaît, de tout mon attachement.

LETTRE XXVII.

Décembre 1730.

Il y a mille ans, madame, que je ne vous ai fait ma cour; ce n'est pas assurément que je ne pense bien à vous, et que je ne me rappelle tous les plaisirs que j'ai goûtés à Genève. La mémoire, soutenue par le sentiment, me représente tout, jusqu'aux moindres choses, bien vivement. Mes idées font bien du chemin : arrivée chez vous, je vous vois, je vous embrasse, je pleure de joie; et mon cœur se serre lorsque je vois que ce n'est qu'en idée. Permettez que j'embrasse mes chères sœurs, mes chères bonnes amies; j'ai bien du plaisir à vous aimer, et vous manquez ici à mon bonheur. Madame de Ferriol me flatte encore d'un voyage à Pont-de-Veyle : elle se porte mieux. Pour ma santé, elle n'est pas bien merveilleuse. J'ai l'estomac fort dérangé, de grands maux de tête, souvent des rhumes, et beaucoup de foiblesse.

Je veux vous rendre compte de l'état de mes finances. Vous savez qu'il y a long-temps que je dois; et je dépensois sans trop savoir ce que je pouvois dépenser. Enfin, lassée de ce désordre, j'ai emprunté deux mille écus, pour payer mes dettes criardes, que je rendrai dans quatre ans, en donnant par année dix-huit cents livres de mes rentes; je me réduis alors à douze cents livres : je serai bien à l'étroit, mais bien soulagée de ne devoir plus que quatre mille quatre cents livres à M. Paris de Montmartel, à qui je donnerai mille livres par année. J'aurai le bonheur de ne voir plus de créanciers : ils ne seront pas si aises d'être débarrassés de moi que je le serai de l'être d'eux, car ils sont bonnes gens et ne m'ont point tourmentée. J'ai eu le plaisir d'arranger les affaires de Sophie de façon qu'elle est à proportion plus riche que moi. J'espère que nous mangerons notre revenu ensemble. Je ne puis assez vous exprimer la joie que j'ai d'avoir pris mon parti de payer pour n'avoir obligation à personne.

Madame P..... se ressouvient-elle de moi? Elle seroit bien ingrate si elle ne m'aimoit pas un peu, car je la respecte et l'honore infiniment. Ne m'oubliez point, s'il vous plaît, auprès de M. de Caze. Madame la duchesse de Saint-Pierre (1) m'a beaucoup demandé de ses nouvelles, et m'a chargée de lui faire ses complimens. Elle l'aime bien, à ce qu'elle m'a dit. Dites-lui que cette dame est toujours plus belle; elle a conservé un beau teint, une belle gorge : elle est comme à vingt ans. Elle est très-aimable, elle a vu bonne compagnie; et un mari sévère, et qui connoissoit le monde, l'a rendue d'une politesse charmante. Elle sait conserver l'air d'une grande dame sans humilier les autres. Elle n'a du tout point cette politesse haute qui protége; elle a bien de l'esprit; elle sait dire des choses flatteuses, et sait mettre les gens à leur aise.

Je fis, il y a quelques jours, vos complimens à

---

(1) Thérèse Colbert de Croissy, sœur du marquis de Torcy; mariée, le 5 janvier 1704, au duc de Saint-Pierre, grand d'Espagne. Morte en 1769.

madame de Tencin moi-même. Vous êtes surprise; mais écoutez, et vous le serez davantage. J'étois dans la chambre de madame sa sœur : elle entra; je voulus m'en aller. C'est ce que je faisois ordinairement, parce qu'elle me refusoit le salut. Elle étoit d'un embarras horrible : elle m'attaqua de conversation, loua d'abord la robe que je portois, me parla de la santé de madame sa sœur; et, enfin, elle resta deux heures à toujours causer et de très-bonne humeur. Nous vînmes à parler de notre voyage en Bourgogne, à Pont-de-Veyle, à Genève. Je pris cette occasion, et je lui dis que j'avois reçu dernièrement votre lettre où vous me chargiez de lui faire des complimens. Elle me dit que cela la surprenoit, qu'il y avoit des temps infinis qu'elle n'avoit entendu parler de vous. Je l'assurai que ce n'étoit pas votre faute, que presque dans toutes vos lettres vous me faisiez des complimens pour elle, et que, comme je n'avois pas l'honneur de la voir, j'en avois chargé plusieurs personnes, entre autres d'Argental; que, surtout à mon départ de Genève, vous m'aviez recommandé de lui faire bien des amitiés de votre part. Elle me dit que ce ressouvenir lui faisoit bien du plaisir, parce qu'elle vous aimoit beaucoup. Elle me fit bien des questions sur votre santé et sur vos affaires. Je lui rendis compte de l'arrangement que vous aviez fait; elle dit à cela qu'elle vous reconnoissoit bien, et que personne n'étoit plus capable que vous de bons et nobles procédés. Depuis ce temps-là, nous nous sommes revues : nous avons fait la conversation comme si nous n'avions pas été mal ensemble et sans éclaircissemens. J'en veux rester à ce point. Je ne vais point chez elle. Il me sera difficile de l'éviter; mais si j'y vais, fiez-vous-en à moi, ce sera sobrement.

On ne parle ici que de l'abbé Paris, des miracles et des convulsions qui s'opèrent sur son tombeau. Les uns disent qu'il fait des miracles, les autres que ce sont des friponneries. Les partis s'exercent à outrance. Les neutres et les bons catholiques sont peu édifiés, c'est-à-dire les vrais. On n'entend que calomnie, fureur, emportement et friponnerie. Les mieux sont ceux qui ne sont que fanatiques, et ceux-là se croient tout permis. Voilà ce qui fait le sujet de toutes les conversations, et messieurs de B..... les chansonnent. Il y a des couplets, sur la duchesse douairière (1), trop grossiers pour que je vous les envoie. On joue à l'Opéra *Callirhoé,* qui ne réussit pas, quoique cet opéra soit intéressant et joli; mais le grand air, à présent, est de n'aller que le vendredi à l'Opéra : et d'ailleurs, comme tout est

---

(1) Louise-Françoise de Bourbon, veuve-douairière de Louis, duc de Bourbon.

esprit de parti, les partisans de la Lemaure sont en plus grand nombre à présent que ceux de la Pellissier. M. d'Argental est amoureux de cette dernière; il est aimé, et il s'en cache beaucoup. Il croit que je l'ignore, et je n'ai garde de lui en parler. Elle en est folle : elle est tout aussi impertinente que la Lecouvreur; mais elle est sotte, et ne lui fera point faire de folie. C'est un furieux ridicule à un homme sage et en charge que d'être toujours attaché à une comédienne. Tous les partisans de la Lemaure trouvent la Pellissier outrée et peu naturelle. Ils disent que c'est M. d'Argental et ses amis qui la gâtent. Cela m'afflige; mais, connoissant son abandon pour ce qu'il aime, je me console de cela parce qu'il s'en cache, et que, par conséquent, il vit plus avec le monde pour dépayser. Pour M. de Pont-de-Veyle, il se porte à merveille; il est galant au possible : il me demande souvent de vos nouvelles. M. de Ferriol est assez bien, mais horriblement sourd et gourmand. Voilà un compte exact de toutes les nouvelles; mais je ne vous ai pas encore rendu compte de mon cœur. Pour vous, je vous aime parfaitement. Cette amitié fait le bonheur de ma vie, et souvent la peine, car j'ai le cœur serré quand je pense qu'une personne que j'aime si tendrement, je ne la vois point. Aimez-moi, madame, comme je vous aime.

LETTRE XXVIII.

De Paris, 1731.

Ma santé, madame, se rétablit tout doucement. Ma convalescence est longue; mais ma maladie l'a été : il n'est point surprenant que j'aie de la peine à réparer mes forces. Vos bontés et vos vœux pour moi me font un bien infini : je vous en remercie de tout mon cœur. Vos lettres m'ont fait un grand plaisir; mais le chagrin de vous causer des inquiétudes diminue ma satisfaction d'être autant aimée. En vérité, l'attachement tendre que je vous ai voué mérite les bontés que vous avez pour moi. Je vous aime et vous estime comme vous le méritez : c'est sans bornes. Continuez, madame, à me rendre heureuse, car je mourrois de douleur si vous cessiez d'avoir de l'amitié pour moi.

Madame de Tencin est, comme vous le savez, exilée à Ablon depuis quatre mois. Elle a été très-malade. Astruc est comme Roland. Je ne sais si c'est badinage ou si c'est tout de bon ; mais ce qu'il y a de certain, c'est que personne ne la plaint, et bien des gens disent qu'elle n'a rien de mieux à faire qu'à mourir. Voilà de bons propos. M. de Saint-Florentin est à l'extrémité : s'il en revient, il deviendra sage ou il sera incorrigible. M. de Gesvres et le duc d'Épernon sont toujours exilés. On appelle leur conjuration la *Conspiration des Marmousets.* Tout le monde se moque d'eux. M. de Beddevole (1) étoit un des conjurés; il laisse une réputation qui ne flaire pas comme baume. On dit que c'est un esprit très-dangereux, d'autant plus qu'il est fripon. Adieu, madame : je ne puis écrire plus long-temps; je suis trop foible.

(1) Jean Beddevole, avocat, né à Genève en 1697. C'était, dit Senebier (*Hist. litt. de Genève*, III, 91), « un homme d'esprit, avec une humeur inquiète et turbulente. Il quitta Genève, où il plaidoit avec distinction, pour aller vivre d'intrigues à Paris : il fut bientôt forcé de quitter cette ville. Il alla à Rome, où il abjura la religion protestante, et se fit reconnaître descendant de la famille Bentivoglio; mais, comme il parut redoutable à cette maison, on l'obligea de quitter Rome. Il revint vivre et mourir misérablement dans un petit village près de Genève. » Il a traduit en français l'*Histoire civile du royaume de Naples* de Giannone.

LETTRE XXIX.

Histoire de mes amours avec le duc de Gesvres.

1731.

Je conviens, madame, malgré votre colère et le respect que je vous dois, que j'ai eu un goût violent pour M. le duc de Gesvres, et que j'ai même porté à confesse ce grand péché. Il est vrai que mon confesseur ne jugea pas à propos de me donner de pénitence. J'avois huit ans quand cette passion commença, et à douze ans je tournois en plaisanterie mon goût, non que je ne trouvasse M. de Gesvres aimable, mais je trouvois plaisans tous les empressemens que j'avois eus d'aller causer et jouer dans les jardins avec lui et ses frères : il a deux ou trois ans plus que moi, et nous étions, à ce qui nous paroissoit, beaucoup plus vieux que les autres. Cela faisoit que nous causions, lorsque les autres jouoient à la cligne-musette. Nous faisions les personnes raisonnables, nous nous voyions régulièrement tous les jours : nous n'avons jamais parlé d'amour; car, en vérité, nous ne savions ce que c'étoit ni l'un ni l'autre. La fenêtre du petit appartement donnoit sur un balcon où il venoit souvent; nous nous faisions des mines; il nous menoit à tous les feux de la Saint-Jean, et souvent à Saint-Ouen. Comme on nous voyoit toujours ensemble, les gouverneurs et les gouvernantes en firent des plaisanteries entre eux, et cela vint aux oreilles de mon Aga (1), qui, comme vous le jugez, fit un beau roman de tout cela. Je le sus : cela m'affligea; je crus, comme une personne raisonnable, qu'il falloit m'observer, et cette observation me fit croire que je pourrois bien aimer M. de Gesvres. J'étois dévote, et j'allois à confesse; je dis d'abord tous mes petits péchés, enfin il fallut dire le gros péché; j'eus de la peine à m'y résoudre; mais, en fille bien éduquée, je ne voulus rien cacher. Je dis que j'aimois un jeune homme. Mon directeur parut étonné; il me demanda quel âge il avoit. Je lui dis qu'il avoit onze ans : il me demanda s'il m'aimoit, et s'il me l'avoit dit : je dis que non; il

(1) M. de Ferriol, l'ambassadeur. Il devait être à Constantinople lorsque Aïssé avait cet âge de huit à douze ans.

continua ses questions. « Comment l'aimez-vous? me dit-il. — Comme moi-même, lui répondis-je. — Mais, me répliqua-t-il, l'aimez-vous autant que Dieu? » Je me fâchai, et je trouvai fort mauvais qu'il m'en soupçonnât. Il se mit à rire, et me dit qu'il n'y avoit point de pénitence pour un pareil péché; que je n'avois qu'à continuer d'être toujours bien sage, et n'être jamais seule avec un homme; que c'étoit tout ce qu'il avoit à me dire pour l'heure. Je conviendrai encore qu'un jour (j'avois alors douze ans, lui de quatorze à quinze) il parloit avec transport qu'il feroit la campagne prochaine. Je me sentis choquée qu'il n'eût pas de regrets de me quitter, et je lui dis avec aigreur : « Ce discours est bien désobligeant pour nous. » Il m'en fit des excuses, et nous disputâmes long-temps là-dessus. Voilà ce qu'il y a jamais eu de plus fort entre nous. Je crois qu'il avoit autant de goût pour moi que j'en avois pour lui. Nous étions tous deux très innocens, moi dévote, lui autre chose. Voilà la fin du roman. Depuis ce temps-là nous nous sommes rappelé nos jeunes ans, sans cependant nous trop étendre; la matière étoit délicate, soit plaisanterie, soit sérieusement. Le sujet et nos âges me justifieront-ils, madame? voilà la vérité pure. Pour celui qui l'a dit, c'est assurément Beddevole; il porte son esprit tracassier dans tous les pays qu'il habite. Vous devriez toujours prendre ma défense, et me conserver l'estime du public. Savez-vous bien que je suis réellement piquée et en colère des soupçons que vous avez de moi? Il faut que vous ne m'aimiez pas autant que je m'en étois flattée. Quoi! madame, vous me croiriez capable de vous tromper! Je vous ai fait l'aveu de toutes mes foiblesses; elles sont bien grandes; mais jamais je n'ai pu aimer qui je ne pouvois estimer. Si ma raison n'a pu vaincre ma passion, mon cœur ne pouvoit être séduit que par la vertu ou par tout ce qui en avoit l'apparence. Je conviens, avec douleur, que vous ne pouvez arracher de mon cœur l'amour le plus violent; mais soyez assurée que je sens toutes les obligations que je vous ai, et que je ne varierai jamais sur les sentimens tendres que je vous ai voués. Ma reconnoissance égale mon amitié et mon estime pour vous. Vous êtes la personne la plus respectable et la plus aimable que je connoisse. Je vous proteste que l'on est bien éloigné de chercher à rompre cette confiance que j'ai pour vous. Le chevalier vous aime et vous respecte infiniment; il s'attendrit quand je parle du malheur que j'ai d'être séparée de vous; et, quelque crainte que l'on ait de me perdre, l'estime est plus forte. Quand je lui ai raconté les conversations que j'avois eues avec vous, je l'ai fait pleurer, et tout ce qu'il disoit étoit:

« Hélas! j'ai couru de furieux risques. » Il paroissoit très-inquiet que cela n'eût diminué mon goût pour lui, sentant que cela en étoit bien capable. Il me remercia, après cela, de la façon du monde la plus touchante, de l'aimer encore. Vous n'ignorez pas le fruit des soins que l'on avoit pris pour nous désunir et pour me perdre. Le chevalier a trop de délicatesse pour que l'aversion et le mépris ne fussent pas la récompense de ces âmes basses : jugez ce que le contraire a dû faire. On a été bien éloigné de vous attribuer le refroidissement de mes lettres pendant mon séjour en Bourgogne; il tomboit sur la *gentille Bourguignonne*, et croyoit que la maréchale me disoit du mal de lui. Son attachement devient tous les jours plus fort : ma maladie l'a mis dans des inquiétudes si terribles qu'il faisoit pitié à tout le monde, et on venoit me rendre ses discours. En vérité, vous en auriez pleuré, madame, aussi bien que moi. Il étoit dans des frayeurs énormes que je ne mourusse. Il n'étoit pas possible, disoit-il, qu'il pût résister à ce malheur. Sa douleur et sa tristesse étoient si grandes que je le consolois, et je cachois mes maux tant que je le pouvois. Il avoit toujours les larmes aux yeux; je n'osois le regarder, il m'attendrissoit trop. Madame de Ferriol me demanda un jour si je l'avois ensorcelé; je lui répondis : « Le charme dont je me suis servie est d'aimer malgré moi, et de lui rendre la vie du monde la plus douce. » L'envie lui fit faire la question, et la malice me fit répondre. Voilà, madame, ce que vous m'avez demandé; mon cœur est à découvert. Je passe sous silence mes remords; ma raison m'en fait naître, lui et ma passion les étouffent. Quelques rayons d'espérance d'une fin, d'une conclusion, aident bien à m'égarer; mais il n'est pas en mon pouvoir de les abandonner. Adieu, madame; je n'en puis plus. Voilà une longue lettre pour une personne aussi foible que moi.

LETTRE XXX.

De Paris, janvier 1732.

J'ai consulté M. Silva et M. Gervasi pour vous, madame; ils veulent que vous vous fassiez saigner souvent et que vous alliez absolument à des bains chauds. Comme votre santé m'est plus chère que ma propre vie, je n'ai pas oublié un mot de ce qu'ils m'ont dit. Au nom de Dieu, faites ce qu'il faut pour vous procurer une bonne santé! Dieu l'ordonne, vos parens le désirent ardemment, et vos amis, à la tête desquels je veux être, se mettent à vos genoux. Ne me donnez point pour raison celle de la dépense. Je connois la noblesse de votre cœur, et je sais les motifs vertueux qui vous rendent si ménagère; mais les hommes, qui ne sont pas capables de sentimens si délicats, qui rapportent tout à eux, vous accuseront d'un goût pour l'épargne. Cela seroit injuste, je l'avoue; mais il faut vivre avec ces hommes. Laissez moins de bien à vos héritiers, et donnez-leur un bien plus précieux, qui est votre santé, votre vie : l'argent que vous économiserez pour remédier à votre santé n'est fait que pour s'en servir. Je connois votre famille : ils donneroient tous une partie de leurs jours pour prolonger les vôtres. Je vous dis tout cela avec une vivacité qui ne peut vous déplaire, puisque c'est l'intérêt le plus vif et le plus tendre qui dicte à ma plume; et il est difficile de se modérer quand on est occupé, comme je le suis, d'une amie telle que vous et dont la santé me tient au cœur. Promettez-moi donc que vous ferez les remèdes nécessaires. Songez et soyez bien convaincue que si vous êtes mieux je serai indubitablement soulagée. Je me chagrine et m'attendris pour vous. Je ne puis penser à vous que je n'aie le cœur gros. La crainte et la douleur étouffent des souvenirs qui me plairoient. Laissez-moi penser à vous doucement. Enfin, si vous m'aimez, faites votre possible pour guérir.

Il faut que je vous parle de mon foible corps; il est bien foible; je ne puis me remettre de ma furieuse maladie, je ne reprends point le sommeil; j'ai été trente-sept heures sans fermer les paupières, et très-souvent je ne m'endors qu'à sept heures du matin : vous jugez bien si je peux reprendre mes forces. J'ai de la diarrhée depuis quelques jours. Les médecins ne comprennent pas trop mon mal; ils disent que jamais on n'a eu une fluxion de poitrine sans cracher. Il est vrai que j'ai eu de l'oppression, et que j'en ai encore beaucoup. Je suis extrêmement maigrie; mon changement ne paroît pas autant quand je suis habillée. Je ne suis pas jaune, mais fort pâle; je n'ai pas les yeux mauvais : avec une coiffure avancée, je suis encore assez bien; mais le déshabillé n'est pas tentant, et mes pauvres bras, qui, même dans leur embonpoint, ont toujours été vilains et plats, sont comme deux cotrets. Vous auriez été flattée de l'amitié que tout le monde a témoignée pour une personne que vous honorez de votre tendresse, si vous aviez été témoin de tout ce qui s'est passé pendant que j'ai été en danger : tous mes amis et les domestiques fondoient en larmes; et, quand je fus hors de danger (j'ignorois d'y avoir été), ils vinrent tous à la fois, avec des larmes de joie, me féliciter. Je fus attendrie au point qu'ils craignoient d'avoir commis une indiscrétion. Que seriez-vous devenue, vous, madame, qui avez tant de bontés pour moi, si vous aviez été là? Il y a deux de mes amis, qui étoient dans la chambre, qui n'y purent tenir. Tout cela m'a été conté depuis. La pauvre Sophie a souffert ce qu'il est possible de souffrir; elle craignoit de m'alarmer, elle vouloit avoir l'air assuré; elle faisoit tout ce qu'elle pouvoit pour ne pas pleurer. Vous savez combien elle est pieuse; elle étoit inquiète pour mon âme, d'autant que Silva étoit furieux que l'on ne m'eût pas confessée. Il est vrai que, sans avoir la certitude que j'étois en danger, je l'avois demandé à madame de Ferriol, qui fit une autre scène. Elle radote, elle ne fut occupée que du jansénisme. Dans ce moment, au lieu de chercher un peu à me rassurer, elle saisit avec vivacité la première parole que je lui dis pour me donner son confesseur, et que je n'en prisse point d'autre; je lui répondis d'une façon qui auroit fait rentrer une autre personne en elle-même. J'avoue que dans ce moment je fus plus indignée qu'effrayée; mais je m'aperçus que tout ce que je lui disois étoit inutile : c'étoit semer des marguerites devant des pourceaux. Elle ne sentoit rien que le plaisir d'avoir escamoté ma confession à un janséniste; elle trouva le triomphe si beau qu'elle en devint insolente, et dit à sa femme de chambre des choses si piquantes sur Sophie, parce qu'elle ne m'avoit pas parlé de son confesseur, qu'elle fondit en larmes en lui disant qu'elle et Sophie étoient assez affligées pour qu'elles méritassent plus de consolations que de gronderies; que ma femme de chambre, il est vrai, avoit eu plus d'amour pour ma vie que pour mon âme; qu'elle se reprochoit ces sentimens, et qu'elle étoit très-soulagée de voir que j'aurois les secours de l'âme sans avoir eu la douleur de me l'apprendre. Que dites-vous de cette scène et de la tendresse de cette bonne dame? Mais l'on conserve toujours son caractère. S'il avoit fallu aller quatre heures à pied pour me chercher un remède, elle y auroit été avec joie; mais les réflexions tendres et délicates, les sentimens du cœur nuls. Elle étoit fâchée comme nous le sommes d'un indifférent, qui ne nous fait point oublier le reste : elle n'étoit occupée que de la colère qu'elle prétendoit que son frère auroit que je fusse morte entre les mains d'un janséniste, chose dont je crois qu'il se seroit peu soucié; mais elle s'étoit figuré qu'il lui en auroit su mauvais gré et l'en auroit déshéritée. Vous direz peut-être que je m'imagine tout cela : non, en vérité. J'ai trop vécu avec elle pour ne la pas connoître, et, d'ailleurs, elle a trop peu de soin de me cacher son âme. J'attribue tout ceci à une âme peu tendre et à un corps apoplectique et qui radote. Cela ne me fera jamais oublier toutes les obligations que je lui ai et mon devoir. Je lui rendrai tous les soins que je lui dois aux dépens même de mon sang; mais, madame, qu'il est différent d'agir par devoir ou par tendresse! Cela a son bien : je serois trop malheureuse si j'avois pour elle la tendresse que j'ai pour vous. Dans l'état où elle est, il faudroit m'enterrer avec elle.

Adieu, madame : je finis cette longue épître, que je crois très-difficile à déchiffrer. Madame de Tencin m'aime à la folie. Qu'en croyez-vous? Je voudrois bien qu'elle ne s'aperçût pas de l'éloignement que j'ai pour elle; je me crois fausse, et, quand je suis avec elle, je suis dans une continuelle contrainte. J'embrasse le mari, les femmes, les enfans. Permettez cette familiarité à votre Aïssé.

P. S. J'apprends dans ce moment que le Roi vient d'ordonner que le cimetière de Saint-Médard seroit fermé, avec défense de l'ouvrir que pour enterrer. Comprenez-vous, madame, qu'on ait permis, depuis près de cinq ans, toutes les extravagances qui se sont faites et débitées sur le tombeau de l'abbé Paris? Fontenelle nous assuroit, l'autre jour, que plus une opinion étoit ridicule, inconcevable, plus elle trouvoit de sectateurs : les hommes aiment le merveilleux. Notre ami M. Carré de Montgeron (1) jure sur son salut qu'il a vu des choses surnaturelles.

(1) Le gros livre * qu'il a présenté au Roi cite des guérisons miraculeuses (aveugles-nés, boiteux, sourds, muets), appuyées de certificats authentiques, signés par des gens de probité reconnue. La postérité aura de la peine à croire que plus de vingt mille ames aient donné dans toutes ces extravagances. Le lendemain de la clôture du cimetière on trouva ces vers :

> De par le Roi, défense à Dieu
> De plus opérer en ce lieu.

— Cette note, qu'on peut, ce semble, attribuer à Voltaire, avait été intercalée dans le texte par les précédents éditeurs qui ne s'aperçurent pas que le fait de la présentation au Roi du livre de Montgeron était postérieur de plus de quatre années à la mort de Mlle Aïssé. Louis-Basile Carré de Montgeron était conseiller au parlement de Paris : né en 1686, il mourut en 1754.

* *La Vérité des miracles opérés à l'intercession de M. de Paris et autres appellants démontrée contre M. l'archevêque de Sens*, 1736, in-4°. L'auteur présenta ce volume à Louis XV, sur le passage duquel il se rendit à cet effet, le 29 août 1737 : il fut arrêté le lendemain et renfermé à la Bastille.

LETTRE XXXI.

De Paris, 1732.

J'ai été encore très-incommodée; j'ai eu, six jours, la fièvre, des douleurs effroyables dans tout le corps. Je suis toujours fort oppressée et foible; les genoux et les mains me font mal. Je me trouve mieux aujourd'hui seulement, et je n'épargne pas les ports de lettres, étant persuadée comme je le suis, madame, de votre amitié et de votre bonté pour moi. J'envoyai, étant encore bien malade, chez M. S.... (1) le prier de venir me voir, voulant lui demander de vos nouvelles et qu'il vous donnât des miennes. On ne me permit pas de lui parler, dont j'étois outrée. Il est venu aujourd'hui; il m'a appris le mariage de mademoiselle Ducrest avec M. Pictet. Ah! le bon pays que vous habitez, où l'on se marie quand on sait aimer et quand on s'aime encore! Plût à Dieu qu'on en fît autant ici! Faites-leur, s'il vous plaît, mes complimens de

(1) Saladin? Voyez ci-dessus, page 88.

félicitation. M. S.... m'a dit que vous vous portiez assez bien, et que vous étiez à votre campagne où vous vous amusiez. Je me ressouviendrai toujours de tous les plaisirs que j'y ai goûtés. Madame de Ferriol revient de Sens où elle a été très-malade d'une indigestion des plus dangereuses : elle est heureusement mieux; mais si j'avois eu le malheur de la perdre, sûrement, si je vivois, vous me verriez établie à Pont-de-Veyle. Si je suis un peu mieux, j'irai à Ablon : le changement d'air pourroit contribuer au rétablissement de ma santé.

J'ai une tabatière admirable que madame de Parabère m'a donnée, que je voudrois bien vous faire voir; car, quand j'ai quelque chose de joli, je souhaiterois bien qu'il eût votre approbation. C'est une boîte de jaspe sanguin, d'une beauté parfaite, montée en or par tout ce qu'il y a de plus habile; la forme est charmante. Elle l'avoit depuis cinq à six ans, et, l'autre jour, elle en parloit comme d'une boîte favorite. Je dis malheureusement qu'elle étoit la mienne, que je n'avois jamais vu un bijou de meilleur goût. Sur cela, il n'y a prières ni persécutions qu'elle ne m'ait faites pour la prendre; elle me menaça de la donner au premier venu si je la lui refusois : cette boîte vaut plus de cent pistoles. Elle m'entretient : il n'y a point de semaine qu'elle ne me fasse quelque présent, quelque soin que je prenne de l'éviter : je file un meuble, elle m'envoie de la soie, afin que je n'en rachète pas; elle ne m'a vu cet été que de vieilles robes de taffetas de l'année précédente, j'en ai trouvé une sur ma toilette, de taffetas broché charmant; une autre fois, c'est une toile peinte. En un mot, si cela est agréable d'un côté, cela est à charge de l'autre. Enfin elle a une amitié et une complaisance pour moi telles qu'on l'auroit pour une sœur chérie. Pendant ma maladie, elle quittoit tout pour venir passer des journées auprès de moi; enfin elle ne veut pas que je puisse aimer d'autres plus qu'elle, hors le chevalier et vous : elle dit qu'il est juste, de toute façon, que vous ayez la préférence, et nous parlons souvent de vous. Je lui ai donné une grande idée de mon amie, et telle qu'elle la mérite. Plût à Dieu qu'elle vous ressemblât et qu'elle eût quelques-unes de vos vertus! Elle est de ces personnes que le monde et l'exemple ont gâtées, et qui n'ont point été assez heureuses pour s'arracher du désordre. Elle est bonne, généreuse, a un très-bon cœur, mais elle a été abandonnée à l'amour et elle a eu de bien mauvais maîtres. Adieu, madame, aimez-moi toujours un peu, et croyez que personne ne vous est plus tendrement ni plus respectueusement attaché.

LETTRE XXXII.

De Paris, novembre 1732.

Je ne vous écris que deux mots, madame, parce que mes forces sont bien diminuées. J'ai été obligée d'écrire une assez longue lettre d'affaire; mais je n'ai pas voulu tarder à vous donner de mes nouvelles. Je ne doute point de vos bontés pour moi, et que vous seriez en peine si vous étiez plus longtemps sans en recevoir; j'ai moins de fièvre depuis trois jours, et suis un peu moins foible. Je suis presque toujours sur un lit, et quand je me lève je me mets sur un canapé; je prends du lait qui passe assez bien. Si cela pouvoit ne pas aller plus mal pendant une quinzaine de jours, Silva auroit de l'espérance; ma maladie me ruine, et l'avarice est devenue sordide. Si cela continue, nous verrons le second volume de madame Tardieu, qui se faisoit des jupons des thèses que l'on donnoit à son mari (1).

(1) Boileau, *Satire X*, v. 23-28.

Je vous parlerai dans quelque temps plus amplement sur l'état de mon âme; j'espère que vous serez contente. Il faut pourtant que je vous dise que rien n'approche de l'état de douleur et de crainte où l'on est : cela vous feroit pitié; tout le monde en est si touché que l'on n'est occupé qu'à le rassurer. Il croit qu'à force de libéralités il rachètera ma vie; il donne à toute la maison, jusqu'à ma vache à qui il a acheté du foin; il donne à l'un de quoi faire apprendre un métier à son enfant, à l'autre pour avoir des palatines et des rubans, à tout ce qui se rencontre et se présente devant lui : cela vise quasi à la folie. Quand je lui ai demandé à quoi tout cela étoit bon, il m'a répondu : « A obliger tout ce qui vous environne à avoir soin de vous. » Pour moi, il n'y a sorte de tourmens, de persécutions qu'il ne me fasse pour me faire accepter cent pistoles; il a eu recours à mes amis pour me le persuader. Enfin il me les a fallu prendre; mais je les ai remises à une personne qui les lui rendra après ma mort. Assurément je n'y toucherai point; je demanderai plutôt l'aumône que de ne pas les rendre. Je vous ferois rire si je vous contois les frayeurs qu'il a que je ne parle; Silva me l'a défendu sous peine de mort. Ma pauvre Sophie, comme vous le jugez bien, ne me quitte ni jour ni nuit. Cet homme-là la mettroit dans son cœur, s'il pouvoit; il est outré de n'oser lui donner de l'argent; il tourne autour du pot; il trouve cependant quelques expédiens. Si vous le connoissiez, vous en seriez étonnée; car il est naturellement distrait et ne connoît point les petits soins. Pour la générosité, elle est au souverain degré; il se donne la torture pour trouver des moyens de donner; il finit toujours par vouloir donner de l'argent; il frappe du pied et se lamente de n'avoir point d'invention; il envie l'imagination du tiers et du quart, qui savent imaginer des galanteries. Enfin il retourne à son quartier, et j'aurai la liberté de parler; les femmes ne peuvent s'en passer, et je l'éprouve. Adieu, madame, votre Aïssé vous aime au-delà de l'expression. Vous la trouvez trop sensible et trop peu détachée; mais qu'il est difficile d'éteindre une passion aussi violente, et qui est entretenue par le retour le plus tendre, le plus vif et le plus flatteur! Mais, madame, les efforts que je fais, aidés de la grâce, me feront surmonter toutes mes foiblesses.

LETTRE XXXIII.

De Paris, 1732.

On dit que je suis mieux, non que je trouve du soulagement. Je crache des horreurs, et je ne dors que par art; je suis tous les jours plus maigre et plus foible. Le lait commence, non pas à me dégoûter, car je le prends toujours avec plaisir, mais il me surcharge. Je ne puis dire que l'état de mon corps soit bien douloureux, car je ne souffre presque pas : un peu d'oppression et des malaises. D'ailleurs, je n'ai point de ces maladies aiguës : je me trouve anéantie. Pour les douleurs de l'âme, elles sont cruelles. Je ne puis vous dire combien me coûte le sacrifice que je fais; il me tue. Mais j'espère en la miséricorde de Dieu; il me donnera des forces. On ne peut le tromper; ainsi, comme il sait ma bonne volonté et tout ce que je sens, il me tirera d'embarras. Enfin mon parti est pris : aussitôt que je pourrai sortir, j'irai rendre compte de mes fautes. Je ne veux aucune ostentation, et je ne changerai que très-peu de choses à ma conduite extérieure. J'ai des raisons pour en agir avec tout le secret du monde : premièrement, pour madame de Ferriol, qui me feroit tourner la tête pour un directeur moliniste, et madame de Tencin qui intrigueroit pour cela. D'ailleurs, madame iroit de maison en maison ramasser toutes les dévotes de profession, qui m'accableroient; et, outre tout cela, j'ai des ménagemens à garder avec qui vous savez. Il m'a parlé là-dessus avec toute la raison et l'amitié possibles. Tous ses bons procédés, sa façon délicate de penser, m'aimant pour moi-même, l'intérêt de la pauvre petite, à qui on ne pourroit donner un état, tout cela m'engage à beaucoup de ménagement avec lui. Mes remords depuis longtemps me tourmentent; l'exécution me soutiendra. Si le chevalier ne me tient pas ce qu'il m'a promis, je ne le verrai plus. Voilà, madame, mes résolutions, que je tiendrai. Je ne doute pas qu'elles n'abrégent ma vie, s'il en faut venir aux extrémités. Jamais passion n'a été si violente, et je puis dire qu'elle est aussi forte de son côté. Ce sont des inquiétudes et des agitations si vraies, si touchantes, que cela fait venir les larmes aux yeux à tous ceux qui en sont témoins. Adieu, madame. Je me flatte, comme vous voyez, en vous contant tout cela, de vos bontés et de votre indulgence. Mais soyez persuadée que, si votre Aïssé vit, elle se rendra digne d'une amitié dont elle sent bien tout le prix.

LETTRE XXXIV.

De Paris, 1733.

Vous m'avez ordonné de vous donner souvent de mes nouvelles. J'obéis de bon cœur; car il n'y a rien dans le monde que je révère, que j'estime et que j'honore autant que vous. Rien ne m'empêche de me livrer à ce goût-là : il est innocent, il est juste. Comment n'aimerois-je pas quelqu'un qui m'a appris à connoître la vertu et qui a fait ses efforts pour me la faire pratiquer, qui a balancé en moi la passion la plus forte? Enfin, madame, soyez récompensée de vos bonnes œuvres. Je me rends à mon Créateur. Je travaille de très-bonne foi à me défaire de ma passion, et je suis très-résolue à abandonner mes erreurs. Si vous perdez la personne du monde qui vous est la plus attachée, songez que vous avez travaillé à la rendre heureuse dans l'autre vie. Après vous avoir parlé des dispositions de mon âme, je vous rendrai compte de l'état de mon corps. Je continue de cracher, de tousser et de maigrir. Le lait passe assez bien; mais il ne fait pas les progrès que, depuis près de deux mois, il devoit faire. Je viens de me ressouvenir qu'une religieuse des Nouvelles Catholiques, de mon âge, et pour laquelle j'avois beaucoup d'amitié, est morte de la même maladie. Cette idée de la mort m'afflige moins que vous ne pensez. Je me trouve trop heureuse que Dieu m'ait fait la grâce de me reconnoître, et je vais travailler à mettre à profit le temps qui me reste. Après tout, ma chère amie, un peu plus tôt, un peu plus tard, qu'est-ce que la vie? Personne ne devoit être plus heureuse que moi, et je ne l'étois point. Ma mauvaise conduite m'avoit rendue misérable : j'ai été le jouet des passions, emportée et gouvernée par elles. Mes remords, les chagrins de mes amies, leur éloignement, une santé presque toujours mauvaise; enfin personne ne sait mieux que vous, madame, combien une vie douloureuse est pénible. Adieu, chère amie, aimez-moi, et priez pour le repos de mon âme, soit en ce monde ou en l'autre. J'embrasse mesdames vos filles.

LETTRE XXXV.

De Paris, 1733.

J'ai reçu cette après-midi votre lettre, madame, qui m'a donné un vrai plaisir. Ma santé est toujours de même, et la saison est très-peu propre pour attendre des succès des remèdes. Vous me demandez si je suis changée; je le suis très-fort : mes yeux sont d'un gris brun jaune, le tour de ma bouche maigri et marqué, pâle et abattu. Pour le corps, je n'ai plus que la peau et les os; si je mettois du rouge, cela me ranimeroit. La physionomie est moins changée qu'elle ne devroit être; mes lèvres ne sont pas pâles : en un mot, c'est une vilaine chose qu'un corps maigre. A l'égard de mon âme, j'espère que dimanche prochain elle sera délivrée de toutes ses impuretés. Je m'accuserai de toutes mes fautes. J'ai eu une scène bien touchante hier. Je vous envoie une copie d'une lettre que l'on m'a rendue en réponse d'une que j'avois écrite, remplie de sentimens d'amitié, de détachement et de ma résolution. Comme on me la rendit soi-même, je ne la lus pas sur-le-champ. Nous parlâmes sur cette matière : vous auriez fondu en larmes aussi bien que nous; mais cette scène ne dérange point mes projets, et on ne cherche pas à les déranger. Vous serez étonnée quand je vous dirai que mes confidentes et les instrumens de ma conversion sont mon amant, mesdames de Parabère et du Deffand, et que celle dont je me cache le plus, c'est celle que je devrois regarder comme ma mère. Enfin madame de Parabère l'emmène dimanche, et madame du Deffand est celle qui m'a indiqué le P. Boursault (1), dont je ne doute pas que vous n'ayez entendu parler. Il a beaucoup d'esprit, bien de la connoissance du monde et du cœur humain; il est sage, et ne se pique point d'être un directeur à la mode. Vous êtes surprise, je le vois, du choix de mes confidentes; elles sont mes gardes, et surtout madame de Parabère, qui ne me quitte presque point et a pour moi une amitié étonnante; elle m'accable de soins, de bontés et de présens. Elle, ses gens, tout ce qu'elle possède, j'en dispose comme

(1) Edme-Chrysostôme Boursault, supérieur des Théatins et prédicateur ordinaire du Roi. Il mourut à Paris, âgé d'environ soixante-trois ans, le 13 mars 1733, un jour avant sa pénitente. Il était fils de l'auteur d'*Ésope à la Cour*.

elle, et plus qu'elle. Elle se renferme chez moi toute seule, et se prive de voir ses amis. Elle me sert sans m'approuver, ni me désapprouver, c'est-à-dire m'a écoutée avec amitié, m'a offert son carrosse pour envoyer chercher le P. Boursault, et, comme je vous l'ai dit, emmène madame de Ferriol pour que je puisse être tranquille. Madame du Deffand, sans savoir ma façon de penser, m'a proposé elle-même son confesseur. Je ne doute point que ce qui se passe sous leurs yeux ne jette quelque étincelle de conversion dans leur âme. Dieu le veuille! Adieu, madame; j'ai tant de joie à causer avec vous que je ne puis vous quitter. Hélas! il le faudra bien.

Lettre du Chevalier à mademoiselle Aïssé.

« Votre lettre, ma chère Aïssé, me touche bien plus qu'elle ne me fâche; elle a un air de vérité et une odeur de vertu à laquelle je ne puis résister. Je ne me plains de rien, puisque vous me promettez de m'aimer toujours. J'avoue que je ne suis pas dans les principes où vous êtes : mais, Dieu merci, je suis encore plus éloigné de l'esprit de prosélytisme, et je trouve très-juste que chacun se conduise suivant les lumières de sa conscience. Soyez tranquille, soyez heureuse, ma chère Aïssé, il ne m'importe des moyens; ils me paroîtront tous supportables pourvu qu'ils ne me chassent pas de votre cœur. Vous verrez par ma conduite que je mérite vos bontés. Eh! pourquoi ne m'aimeriez-vous plus, puisque c'est votre sincérité, c'est la pureté de votre âme, c'est la vertu qui m'attachent à vous? Je vous l'ai dit mille fois, et vous verrez que je ne vous trompe pas; mais est-il juste que vous attendiez que les effets vous aient prouvé ce que je dis, pour le croire? Ne me connoissez-vous pas assez pour avoir en moi cette confiance qu'inspire toujours la vérité aux gens qui sont capables de la sentir? Soyez, dès ce moment, persuadée que je vous aime, ma chère Aïssé, aussi tendrement qu'il est possible, aussi purement que vous pouvez le désirer; croyez surtout que je suis plus éloigné que vous-même de prendre jamais d'autre engagement. Je trouve qu'il ne doit rien manquer à mon bonheur tant que vous me permettrez de vous voir et de me flatter que vous me regarderez comme l'homme du monde qui vous est le plus attaché. Je vous verrai demain, et ce sera moi-même qui vous rendrai cette lettre. J'ai mieux aimé vous écrire que de vous parler, parce que je sens que je ne pourrois traiter avec vous la matière sans perdre contenance. Je suis encore trop sensible; mais je ne veux être que ce que vous voulez que je sois; et, dans le parti que vous avez pris, il suffit de vous assurer de ma soumission et de la constance de mon attachement, dans tous les termes où il vous plaira de le réduire, sans vous laisser voir des larmes que je ne pourrois empêcher de couler, mais que je désavoue puisque vous m'assurez que vous aurez toujours pour moi de l'amitié. J'ose le croire, ma chère Aïssé, non-seulement parce que je sais que vous êtes sincère, mais encore parce que je suis persuadé qu'il est impossible qu'un attachement aussi tendre, aussi fidèle, aussi délicat que le mien, ne fasse pas l'impression qu'il doit faire sur un cœur comme le vôtre. »

LETTRE XXXVI.

De Paris, 1733.

Je ne puis causer long-temps avec vous aujourd'hui; mais je vous dirai ce qui mettra le comble à vos souhaits. J'ai, Dieu merci, exécuté ce que je vous avois mandé, je suis comblée; ma tranquillité n'est plus que trop grande, car je ne me sens pas assez repentante de mes fautes; mais je suis dans la ferme résolution de ne plus succomber, si Dieu ne me retire pas si tôt à lui. Je ne souhaite plus la vie que pour remplir mes devoirs et me conduire d'une façon qui puisse mériter la miséricorde de ce bon père. Il y aura demain huit jours que le P. Boursault a reçu ma confession. La démarche que j'ai faite a donné à mon âme un calme que je n'aurois point si j'étois restée dans mes égaremens; j'aurois, avec l'objet d'une mort présente, les remords qui m'auroient rendue bien plus malheureuse dans ces derniers instans : je suis dans un tel état de foiblesse que je ne puis sortir de mon lit, je m'enrhume à tous les momens. Mon médecin a des attentions pour moi étonnantes; il est mon ami; je suis bien heureuse en tout : tout ce qui est autour de moi me sert avec affection : la pauvre Sophie a des soins de mon corps et de mon âme étonnans; elle m'a donné de si bons exemples qu'elle m'a presque forcée à devenir plus sage; elle ne m'a point prêchée; son exemple et son silence ont eu plus d'éloquence que tous les sermons du monde; elle est affligée jusqu'au fond du cœur. Elle ne manquera jamais de rien, quand elle m'aura perdue (1); tous mes amis l'aiment beaucoup et en auront soin. J'espère qu'elle n'en aura pas besoin; j'ai la consolation de lui laisser du pain. Je ne vous parle point du chevalier; il est au désespoir de me voir aussi mal; jamais on n'a vu une passion aussi violente, plus de délicatesse, plus de sentimens, plus de noblesse et de générosité. Je ne suis point inquiète de la pauvre petite : elle a un ami et un protecteur qui l'aime tendrement. Adieu, ma chère madame; je n'ai plus la force d'écrire. C'est encore pour moi une douceur infinie de penser à vous; mais je ne puis m'occuper de

---

(1) Sophie, à la mort de Mlle Aïssé, s'est mise dans un couvent.

cette joie, sans m'attendrir, ma chère amie. La vie que j'ai menée a été bien misérable : ai-je jamais joui d'un instant de joie? Je ne pouvois être avec moi-même; je craignois de penser; mes remords ne m'abandonnoient jamais depuis le moment où j'ai commencé à ouvrir les yeux sur mes égaremens. Pourquoi serois-je effrayée de la séparation de mon âme puisque je suis persuadée que Dieu est tout bon et que le moment où je jouirai du bonheur sera celui où je quitterai ce misérable corps?

FIN DES LETTRES DE MADEMOISELLE AÏSSÉ.

LETTRES DIVERSES

Pendant qu'on imprimait ce volume, il nous est arrivé un charmant dessin du portrait du chevalier d'Aydie, dont nous nous sommes empressé de faire profiter notre édition. C'est, à tous égards, un digne vis-à-vis de la gracieuse Aïssé. Le portrait original appartient à la famille de Bonneval, et le dessin a été fait à notre intention par un amateur distingué, M. Dugravier, qui nous pardonnera bien de le nommer ici et de le remercier comme un de nos donateurs.

LE CHEVALIER D'AYDIE.

LETTRES

DU CHEVALIER D'AYDIE

ET

DE MADAME DU DEFFAND.[1]

I.

Le chevalier d'Aydie à madame du Deffand.

Mayac, 29 décembre 1753.

Que je ne réponde pas, madame, à la lettre que vous me faites l'honneur de m'écrire! Oh! madame,

---

[1] Ces lettres sont tirées de la *Correspondance* de Mme du Deffand publiée en 1809. Nous y avons joint trois lettres inédites de Mme du Deffand dont nous devons communication à la bienveillance de la famille de Bonneval.

cela vous est bien aisé à dire : je ne vous ferois pas grand tort; mais cela m'est impossible. S'il n'y avoit dans cette lettre que les choses agréables dont elle est remplie, encore ne sais-je si je pourrois m'en tenir; car, quelque stupide que je sois et que je veuille être, je ne crois pas que je devienne insensible au plaisir qu'elle donne et inaccessible à l'activité que communique un genre d'esprit si piquant. Mais, madame, pour me réveiller, vous faites agir un ressort bien plus puissant, lorsque vous m'assurez d'une manière si touchante que vous avez de l'amitié pour moi. A ce mot, me voilà pris; car, vous qui devez me connoître, vous savez bien, madame, que personne ne m'a jamais aimé que je ne le lui aie bien rendu. C'est un sentiment auquel je ne résiste point : c'est la chaîne qui me retient ici, c'est l'appât avec lequel vous me conduirez, où, quand et comme il vous plaira, d'autant plus infailliblement qu'assurément on ne vous a jamais refusé d'avoir tous les charmes qui sont propres à soumettre les cœurs les plus rebelles et à fixer les goûts les plus délicats. Pourquoi ne m'avez-vous pas donné plus tôt, madame, l'espérance dont vous me flattez aujourd'hui? car j'ai bien été toujours un de vos adorateurs, mais je n'osois présumer que je pourrois m'élever au premier rang de vos amis : je me trouvois trop lourd. Cette considération arrêtoit les mouvemens de mon cœur, et me jetoit, contre mon inclination, dans des distractions dont je me repens aujourd'hui, puisqu'enfin je puis m'assurer que vous avez véritablement de l'amitié pour moi; car vous me le dites, madame, et je sais que vous êtes sincère. De ma part, je me promets de vous être attaché toute ma vie avec le respect et la fidélité dont je suis capable.

Je suis très-fâché de la maladie du président Hénault, car je l'aime beaucoup, peut-être gratuitement. En effet, je n'ignore pas qu'un homme de cour, si fêté, si recherché, n'a guère le temps de penser à un provincial enseveli dans l'obscurité. Quoi qu'il en soit, j'ai toujours raison de l'aimer, puisqu'il est très-aimable. Quand ce point est une fois accordé, on ne doit plus regimber contre son penchant et chercher, par de vains sophismes que l'amour-propre inspire, à se détacher des sentimens que nous concevons pour les gens qui nous plaisent. Je garde donc sans scrupule tous ceux que j'ai pour notre président.

Le tour qu'on a joué à Bougainville est très-plaisamment imaginé; mais pourquoi donner ce ridicule à ce pauvre prince (1)? N'eût-il pas été plus

---

(1) **Le comte de Clermont** (Louis de Bourbon-Condé), qu'on fit élire à l'Académie française, où il prit place le

décent et plus honorable pour l'Académie, sans recourir à cette espièglerie, de suivre l'esprit de son institution et de donner avec fermeté la préférence à d'Alembert sur tous les autres, puisque c'est celui qui en est, sans comparaison, le plus digne, et que le cri public le désignoit? Il ne s'en soucie guère. Vraiment! je le crois bien. Comment l'émulation subsisteroit-elle en voyant le choix que l'on fait en tout genre? Je voudrois pourtant qu'il n'achevât pas de se dégoûter : premièrement, pour l'honneur de l'Académie et de la nation, et, en second lieu, parce que je souhaite à notre ami d'Alembert des désirs qui ne peuvent manquer d'être bientôt satisfaits si l'Académie cesse de vouloir se faire siffler par tous les gens raisonnables.

Le jugement que prononcera la Commission qui

---

26 mars 1754 sans daigner prononcer de discours. Quant au tour qu'on joua à Bougainville, le voici : il voulait arriver à l'Académie française avant d'Alembert; il ne négligeait aucun moyen, et sa faiblesse de santé lui servait même à propos pour sa candidature. Il devait laisser bien vite, disait-il, la place vacante; ce qui lui attira le mot de Duclos, que ce n'était pas à l'Académie à donner l'extrême-onction. Mais, lorsqu'on vit qu'il allait arriver, on fit surgir le comte de Clermont, qui le rejeta à distance et lui coupa l'herbe sous le pied, comme on dit. Bougainville ne fut d'ailleurs reculé que de peu, et il obtint le 27 avril 1754 le fauteuil devenu vacant par la mort de La Chaussée.

doit examiner le Testament du père Berruyer fera sans doute sur le public une belle impression, et proportionnée à l'opinion qu'on a du mérite et de la capacité des membres qui la composent (1). Au reste, je n'ai point lu ce livre et ne sais ce que c'est. Le brave Julien (2) m'a totalement abandonné : il ne m'envoie ni livres ni nouvelles, et il faut avouer qu'il me traite assez comme je le mérite, car je ne lis aujourd'hui que comme d'Ussé (3), qui disoit qu'il n'avoit le temps de lire que pendant que son laquais attachoit les boucles de ses souliers. J'ai vraiment bien mieux à faire, madame : je chasse, je joue, je me divertis du matin jusqu'au soir avec mes frères et nos enfans, et je vous avouerai tout naïvement que je n'ai jamais été plus heureux et dans une compagnie qui me plaise davantage. Pour

(1) Le père Berruyer, jésuite, ayant publié, en 1753, la seconde partie de son *Histoire du Peuple de Dieu*, renfermant l'histoire du *Nouveau Testament*, une assemblée de vingt-deux prélats, auxquels s'adjoignirent deux agens généraux du Clergé, nomma des commissaires pour examiner l'ouvrage. Un mandement de l'archevêque de Paris en défendit provisoirement la lecture à tous les fidèles.

(2) Julien, distributeur des *Nouvelles à la main*.

(3) Le marquis d'Ussé, gendre du maréchal de Vauban. Il n'était pas si illettré que ce mot-là pourrait le faire croire. Il est auteur de deux tragédies, ce qui d'ailleurs n'est pas une raison pour beaucoup lire.

vous acquérir tout d'un coup le cœur de mon frère aîné, je me suis servi d'un expédient très-prompt et très-sûr : je lui ai fait lire votre lettre. Il en a été charmé, et il me charge, madame, très-expressément de vous présenter ses respects. L'abbé est enchanté de votre souvenir, madame de Nanthia toute glorieuse d'avoir quelque part à votre bienveillance, et moi très-touché, très-attendri des grâces que vous nous faites à tous. Je vous souhaite donc, madame, la bonne année et à tous vos bons amis, entre lesquels je compte bien distinctement madame la duchesse de Mirepoix (1) et madame du Châtel (2).

Que direz-vous de la longueur de ce barbouillage, auquel je me suis livré sans miséricorde pour vos pauvres yeux et sans penser à l'ennui qu'il doit vous causer? Excuserez-vous mon indiscrétion en faveur du plaisir que j'ai trouvé à vous entretenir? Pardonnez-moi, madame, ce premier accès : je serai plus circonspect, s'il m'est possible, une autre fois.

(1) Anne-Marguerite-Gabrielle de Beauvau-Craon, née le 28 avril 1707, mariée le 2 janvier 1739 à Pierre-Louis de Lévis, marquis de Mirepoix.
(2) Marie-Thérèse Gouffier de Heilly, mariée en 1722 à Louis-François Crozat, marquis du Châtel; elle était la mère de la duchesse de Choiseul.

Mon frère aîné dit que, puisqu'on fait M. le comte de Clermont académicien, on devrait au moins faire d'Alembert prince du sang, et que cela seroit plus juste et plus à propos.

II.

Le même à la même.

Mayac, 28 janvier 1754.

Je vous félicite, madame, du plaisir que vous avez de revoir M. de Formont (1) et M. de Montesquieu. Vous avez sans doute beaucoup de part à leur retour; car je sais l'attachement que le premier a pour vous, et l'autre m'a souvent dit avec sa naïveté et sa sincérité ordinaire : « J'aime cette femme de tout mon cœur; elle me plaît, elle me divertit; il n'est pas possible de s'ennuyer un moment avec elle. » S'il vous aime donc, madame, si vous le divertissez, il y a apparence qu'il vous divertit aussi, et que vous l'aimez et le voyez souvent. Eh! qui n'aimeroit pas cet homme, ce bon homme, ce grand homme, original dans ses ouvrages, dans

(1) Formont, l'ami et le correspondant de Voltaire.

son caractère, dans ses manières, et toujours ou digne d'admiration ou adorable (1)? J'aime aussi beaucoup M. de Formont : il joint, ce me semble, à beaucoup d'esprit une simplicité charmante, sans prétentions; celles des autres ne le blessent ni ne l'incommodent. Il paroît à son aise avec tout le monde, et tout le monde y est avec lui. Quand je pense donc à vous, premièrement, madame, et à tout ce que vous rassemblez chez vous, mesdames de Mirepoix, du Châtel, le président Hénault, MM. de Bulkeley (2), d'Alembert, etc., j'enrage d'être à cent lieues de vous; car je n'ai ni l'ambition, ni la vanité de César : j'aime mieux être le dernier et seulement souffert dans la plus excellente compagnie que d'être le premier et le plus considéré dans la mauvaise, et même dans la commune; mais, si je n'ose dire que je suis ici dans le premier cas, je

---

(1) Le texte de 1809 porte *admirable*, ce qui n'a pas de sens. L'auteur de la Notice sur Mlle Aïssé (voir précédemment page 36) a cru qu'on devait lire *aimable*; c'est le sens probable en effet, mais nous conjecturons que le mot même qui a été mal lu était *adorable*. La vivacité de cette expression est tout-à-fait dans le ton des lettres du président et du chevalier.

(2) François, comte de Bulkeley, lieutenant-général des armées du Roi, né à Londres le 11 septembre 1686, mort le 14 janvier 1756 : il était beau-frère du maréchal de Berwick.

puis au moins vous assurer que je ne suis pas dans le second : j'y trouve avec qui parler, rire et raisonner autant et plus que ne s'étendent les facultés de mon pauvre entendement et l'exercice que je prétends lui donner. Il est vrai que nous ne traitons point les mêmes questions qu'on agite à Paris. Nous ignorons les démarches du gouvernement, du Parlement, du Châtelet, les querelles de l'Académie, etc.; mais, madame, est-ce un si grand malheur? A propos de cela, Julien est-il mort? Il m'a bien averti que les ministres lui ont fait défendre d'écrire les Nouvelles; mais il m'avoit promis de me mander celles qui regardent la santé de madame du Châtel et de ses amis, et de continuer à m'envoyer *le Mercure,* auquel je comptois qu'il joindroit un almanach, suivant sa coutume. Or, les ministres ne peuvent pas s'opposer à cela; car encore faut-il que nous sachions si ce sont les mêmes, non s'ils sont les mêmes, nous ne sommes point en peine de cela, mais s'ils sont à la même place.

Je ne vous dis rien de mon retour, madame, parce que je n'ai encore aucun projet arrêté sur cet article. Je puis seulement vous assurer qu'en quelque lieu que le sort m'arrête ou me conduise je vous aimerai et vous respecterai partout, madame, et de tout mon cœur.

Voilà encore une lettre immense : je ravale

pourtant mille choses que je voudrois vous dire, et dont je vous fais grâce pour ne pas trop vous aviser combien il est dangereux d'attaquer un provincial oisif, qui ne finiroit jamais s'il se laissoit entièrement aller aux effusions de son cœur et à son babil quand quelques marques de vos bontés viennent le réveiller. Il faut cependant que j'ajoute, madame, que j'ai l'honneur de vous envoyer un pâté, et que mon frère et madame de Nanthia vous présentent leurs très-humbles respects.

(La lettre qu'on vient de lire ayant été montrée par Mme du Deffand à Montesquieu, celui-ci y répondit par la lettre suivante, la seule que nous donnerons ici comme échantillon des lettres ou billets très-aimables adressés par l'illustre président au chevalier; il y en a huit en tout recueillis parmi les *Lettres familières* de Montesquieu.)

« Mon cher Chevalier, madame du Deffand m'a fait part d'une lettre de vous qui m'a comblé de joie, parce qu'elle me fait voir que vous m'aimez beaucoup et que vous m'estimez un peu. Or, l'amitié et l'estime de mon cher Chevalier, c'est mon trésor. Je voudrois bien que vous fussiez ici, et vous nous manquez tous les jours; à présent que je vieillis à vue d'œil, et surtout à la vue de mon œil, je me retire, pour ainsi dire, dans mes amis.

« Bulkeley est au comble de ses vœux : son fils, pour lequel il est aussi sot que tous les pères, vien d'avoir le régiment; j'en suis en vérité bien aise : voilà sa fortune faite. M. Pelham, qui étoit à peu près le premier ministre d'Angleterre, est mort. C'étoit un ministre honnête homme de l'aveu de tout le monde; il étoit désintéressé et pacifique; il vouloit payer les dettes de la nation; mais il n'avoit qu'une vie, et il en faut plusieurs pour ces entreprises-là.

« Je suis allé voir hier une tragédie nouvelle, *les Troyennes* (1); la pièce est assez mal faite; le sujet en est beau, comme vous savez : c'est à peu près celui qu'avoit traité Sénèque. Il y a de très-beaux et très-grands morceaux, un quatrième acte très-beau, et le commencement d'un cinquième aussi. Ulysse dit d'un ami de Priam, qui avoit sauvé Astyanax :

Les rois seroient des dieux sur le trône affermis,
S'ils ne donnoient leurs cœurs qu'à de pareils amis.

« M. d'Argenson se porte mieux; mais on craint qu'il ne lui reste une plus grande foiblesse aux jambes. Je ne vous dirai point quand finira l'affaire du Parlement, ou plutôt l'affaire des Parlemens; tout cela s'embrouille et ne se dénoue pas. Mon

(1) Par Châteaubrun.

cher Chevalier, pourquoi n'êtes-vous point ici? pourquoi ne voulez-vous pas faire les délices de vos amis? pourquoi vous cachez-vous lorsque tout le monde vous demande? Revenez, nos mercredis languissent. Madame de Mirepoix, madame du Châtel, madame du Deffand... Entendez-vous ces noms et tant d'autres? J'arrive, avec madame d'Aiguillon, de Pont-Chartrain, où j'ai passé huit jours très-agréables. Le maître de la maison (1) a une gaieté et une fécondité qui n'a point de pareille. Il voit tout, il lit tout, il rit de tout, il est content de tout, il s'occupe de tout : c'est l'homme du monde que j'envie davantage ; il a un caractère unique. Adieu, mon cher Chevalier; je vous écrirai quelquefois, et je serai votre Julien, qui est plus en état de vous envoyer de bons almanachs que de bonnes nouvelles. Permettez-moi de vous embrasser mille fois. »

Le 12 mars 1754.

(1) M. de Maurepas, le même qui, vingt ans plus tard, fut si fatal au début du règne de Louis XVI ; il était doué, on le voit, d'une grande activité d'esprit, ce qui n'exclut pas la légèreté.

III.

Le chevalier d'Aydie à madame du Deffand.

Mayac, 27 février 1754.

Je serois, madame, bien ingrat et bien stupide, si je ne recevois pas avec beaucoup de reconnoissance et de plaisir les lettres que vous me faites l'honneur de m'écrire. Je vous dirai plus, madame, j'y réponds sans peine. La crainte de me priver des témoignages que vous me donnez de la continuation de vos bontés me guérit de ma paresse, et l'emporte aussi sur les réflexions que mon amour-propre devoit m'engager à faire; ainsi, notre commerce durera tant que vous voudrez.

Je ne retournerai vraisemblablement à Paris que dans la belle saison. Je vous avoue même que, vieux et goutteux comme me voilà, et, par conséquent, peu agréable à la société et parfaitement inutile à tous égards, je pense souvent que je ferois très-sagement d'achever ici ma carrière; mais le désir de revoir les amis qui me restent à Paris et l'opinion que j'ai de leur indulgence en ma faveur me soutiennent encore, et m'empêcheront apparemment de prendre résolûment ce parti.

Le pauvre M. de Châtillon est donc mort! Si la fin de sa disgrâce n'a pu prolonger ses jours, elle aura au moins commencé à lui faire sentir les joies du paradis, et je doute même qu'il ait imaginé de trouver rien de plus délicieux dans l'autre monde; car, pour un courtisan, le retour de la faveur a des attraits plus touchans que tout ce que nous promettent la loi et les prophètes (1).

Je suis fâché que l'état de la santé de M. d'Argenson exige de notre président des soins si assidus et si pénibles; mais il a raison, madame, de dire qu'il ne peut pas s'en dispenser. Il est en effet inouï que les ministres, tandis qu'ils sont en place, soient négligés de leurs amis : ils ont cet avantage, et tant d'agrémens, d'ailleurs, qu'ils seroient trop heureux s'ils pouvoient obtenir le privilége que je leur souhaite, d'être exempts de la goutte et de la v.....

(1) Le duc de Châtillon, gouverneur du Dauphin, fils de Louis XV, avait été disgracié à la suite du voyage que le Dauphin avait fait à Metz lors de la maladie du Roi. Louis XV avait long-temps gardé rancune au duc de Châtillon d'avoir conseillé ou permis cette démarche filiale : « Vraiment, disait-il quelques années après, M. de Châtillon se croyait déjà Maire du palais. »

Je vous remercie très-humblement, madame, de la bonté que vous avez de faire mention de moi avec vos amis. Je les honore tous : il me semble que ce n'est qu'avec vous et avec eux qu'on goûte véritablement les délices de Paris, et qu'on sent la supériorité de ce séjour sur tous les autres lieux du monde. Je ne me croirai donc bien heureux que lorsque j'aurai l'honneur de vous faire ma cour, et de vous assurer sans cesse, madame, de mon respect et de mon attachement.

IV.

Le même à la même.

Mayac, 27 juin 1754.

Votre dernière lettre, madame, m'a fait encore plus de plaisir que les autres; elle est plus longue ; elle remet sous mes yeux les allures et l'image de presque toutes les personnes qui composent votre société. Elle vous représente si parfaitement vous-même, qu'à tout moment je mourois d'envie de vous embrasser. Il faut pourtant, madame, passer légèrement et ne pas faire semblant d'entendre quelques articles où vous me paroissez avoir toujours un peu le diable au corps, n'en déplaise à vos prétendues réticences. Je vous avertirai seulement qu'une personne comme vous, qui a voulu être dévote et qui (soit dit sans reproche) n'a jamais pu le devenir, doit juger et parler des gens de Dieu avec modestie et révérence; et qu'enfin votre pénétration sur leur compte et sur les sentimens qu'ils m'inspirent est toujours en défaut.

Je ne suis pas surpris que madame de Mirepoix aime la cour : c'est son élément; et, si je voulois représenter ce qu'est et ce que doit être une dame de la cour, je la dessinerois sur ce modèle. Nous la verrons donc marcher légèrement et avec dignité dans un chemin où les personnes dont ce n'est pas le métier broncheroient à chaque pas, se rendroient ridicules ou s'aviliroient, sans peut-être arriver à leur but. Elle aura toujours l'air d'être immédiatement la compagnie du maître, parce qu'elle est faite pour cela.

Le bien, madame, que vous dites aussi du prince, son frère (1), me fait beaucoup de plaisir. J'ai naturellement du goût pour lui; et si aux qualités que personne ne lui refuse, et aux agrémens

---

(1) Le prince de Beauvau.

qu'il a, il joint encore les vertus consciencieuses, il faut avouer que c'est un homme rare et très-accompli.

J'imagine que, la maison que va prendre madame du Châtel la rapprochant de vous, cette facilité de vous voir, jointe aux autres convenances, réchauffera encore votre commerce. Est-il bien vrai, madame, qu'elle me fait quelquefois l'honneur de penser à moi? Voilà encore une de ces amorces auxquelles ma modestie ne peut résister; car je désire avec passion d'avoir quelque part à l'estime et à la bienveillance de madame du Châtel.

Que prétend madame de Betz en se vouant au blanc? En est-elle là? Est-ce le dernier remède qu'on lui a conseillé? Je serois, en vérité, bien fâché que les médecins n'en trouvassent pas de plus efficace; car c'est une très-bonne femme et que je regretterois beaucoup.

Le président Hénault fait, à mon sens, très-bien de beaucoup se remuer : ce mouvement est utile à sa santé; d'ailleurs il est sûr de marcher *de conquête en conquête*, et ceux qui ont, comme lui, le talent de s'accommoder de tout et de plaire à tous, ne doivent pas être insensibles aux louanges que méritent la facilité de leurs mœurs et la flexibilité de leur esprit. Mais je suis sûr qu'il revient toujours chez vous, madame, avec empressement, et que c'est là qu'il goûte le plus vivement ce qu'a de vrai la maxime que vous établissez, qu'il faut changer de plaisirs et d'objets. Oui, madame, cela est bon pour quelqu'un qui a beaucoup de jambes et point d'humeur; mais que feriez-vous d'un homme que la goutte rend si souvent impotent et refrogné? Nous verrons cela, s'il plaît à Dieu, quelque jour; car n'imaginez pas que je renonce, tant que je respirerai, au dessein d'aller vous faire ma cour. Mais je ne me consolerai point d'avoir manqué l'occasion de passer un été avec notre ami Formont : je partagerois de si bon cœur avec vous le plaisir que donnent sa compagnie, ses rires, ses bons mots! Je n'aurois pas été, entre vous et lui, un personnage inutile; n'est-ce donc rien que d'écouter avec intérêt, de goûter et de rire?

Cette pauvre douairière sans douaire me fait pourtant pitié. Ah! que vous allez trouver cela bien provincial! car l'usage de Paris est de ne point s'arrêter à l'objet principal, quand il est lamentable, et de tourner sa vue sur quelques accessoires, quelques circonstances plaisantes, et de finir toujours par rire de tout. Heureux pays! ce n'est point la misanthropie qui me dicte cette réflexion, c'est au contraire une raison de plus pour désirer de te revoir!

Ce n'est pas sans effort et sans regret apparemment que M. d'Alembert a quitté son cabinet, et surtout le vôtre, pour aller à Wesel. Cet acte de reconnoissance, qu'il doit au roi de Prusse, ne peut manquer de confirmer ce monarque dans les préjugés qu'il a déjà conçus en faveur de notre philosophe. Je souhaite qu'il lui donne de nouvelles marques de son estime et de sa bienveillance.

Voilà une lettre, je pourrois dire une brochure, qu'il faut pourtant finir : elle pourroit vous coûter plus à lire qu'elle ne m'a coûté à écrire; car je ne trouve rien de si doux et de si aisé que de causer avec vous, madame : on n'a besoin ni d'esprit ni d'imagination : il n'y a qu'à répondre ou qu'à suivre le texte intéressant que vous fournissez; et c'est encore plus naturellement, et par un mouvement qui part de mon cœur, que j'ai l'honneur de vous assurer que je vous aime passionnément et que je vous respecte infiniment.

V.

Madame du Deffand au chevalier d'Aydie.

(INÉDIT ET COMMUNIQUÉ PAR LA FAMILLE DE BONNEVAL.)

Ce lundi 14 juillet 1755.

Votre lettre est charmante (1), mon cher chevalier, elle a fait l'admiration de tous ceux à qui je l'ai lue; je vous y retrouve tel que vous étiez dans vos plus beaux jours; il seroit bien dommage de nous priver de vous; il n'est point encore temps de songer à la retraite. Si toutes choses se passoient suivant l'ordre, je gagnerois la province tandis que vous reviendriez à Paris : ce ne seroit cependant pas mon compte, car tout ce que je désire le plus vivement, c'est de vivre avec vous. Vous trouverez en moi de quoi exercer ce que

(1) Cette lettre si charmante et si louée de Mme du Deffand et de toute sa société est malheureusement perdue; son succès aura fait sa perte, et, à force de courir de main en main, elle ne sera pas revenue à son adresse. Elle manque dans l'édition des Lettres de Mme du Deffand, 1809.

vous appelez sentiment, et que je nomme vertu (car c'est là la méprise que vous me reprochez). Je deviens triste, pesante; et ce qui va bien augmenter en moi ces défauts, c'est que mon ami Formont est parti. Il devoit rester encore ici un mois, mais il a été contraint d'aller trouver sa mère, qui se meurt. Le président (1) est à Compiègne depuis plus de quinze jours; Dieu sait quand il en reviendra. Je lui ai fait vos complimens; il me charge de vous dire mille choses.

J'ai fait lire votre lettre par d'Alembert à mesdames du Châtel et de Mirepoix; on l'a fait recommencer deux ou trois fois de suite; on ne pouvoit s'en lasser : en effet, c'est un chef-d'œuvre. Je la conserverai précieusement toute ma vie, et je vous la ferai relire quand je serai contente de vous. C'est à vous qu'il appartient de peindre; personne n'a plus que vous le style de sa pensée, c'est-à-dire que vos pensées sont à vous, qu'elles sont originales, et que vous n'avez pas besoin d'avoir recours à la recherche de l'expression pour leur donner l'air de la nouveauté. Vous avez réveillé en moi, mon cher chevalier, tout mon engouement pour vous; mais en même temps l'impatience de vous revoir en devient insupportable, et il y aura de la

(1) **Le président Hénault.**

cruauté à vous si vous ne donnez pas un terme pour vous attendre.

Madame de Mirepoix a senti les louanges que vous lui donnez avec l'esprit et la finesse que vous lui connoissez; elle dit que vous lui faites voir tout le danger de sa situation, et qu'elle n'ose espérer s'en tirer aussi bien que vous le lui promettez. Elle s'est peut-être trop engagée; mais il étoit difficile d'enrayer, et la vanité des autres étoit si intéressée à la faire aller en avant, qu'elle ne pouvoit ni reculer ni s'arrêter sans risquer de choquer et de déplaire. Enfin je suis de votre avis, j'espère qu'elle s'en tirera bien, et je le désire de tout mon cœur; c'est la personne, sans contredit, la plus aimable que j'aie vue de ma vie.

Madame du Châtel est à Courbevoye, chez Bombarde, depuis trois ou quatre jours; elle y restera jusqu'à vendredi, qu'elle vient coucher dans sa nouvelle maison. Je la verrai plus facilement, surtout en hiver; mais pour plus souvent, j'en doute. Vous la connoissez, elle ne laisse point établir une certaine familiarité qui fait l'aisance et le plaisir de la société; on ne peut point passer la soirée chez elle qu'elle n'y invite; mais d'ailleurs elle est charmante, je l'aime passionnément, et il n'y a point de marques d'amitié que je n'en reçoive.

D'Alembert est très-content du roi de Prusse; il

lui trouve beaucoup d'esprit, de bonté et de bénignité, ce sont ses termes. Il vouloit l'engager à aller passer quinze jours à Potsdam; il s'en est défendu, et le roi ne lui en a pas su mauvais gré. M. de *Nigposem*, envoyé de Prusse (1), a rendu compte ici aux ministres de la conduite de d'Alembert; l'on en est fort content. Il a dit au président Hénault que le roi le traiteroit bien; je l'espère, mais, jusqu'à présent, il n'a rien touché de sa pension, et il lui en a coûté quatre-vingts louis pour son voyage. Le bailli de Froulay a eu toutes sortes de bontés pour lui; vous devriez lui en marquer de la reconnoissance.

Mademoiselle de Lespinasse est bien vivement touchée des choses charmantes que vous dites d'elle; quand vous la connoîtrez davantage, vous verrez combien elle les mérite : chaque jour j'en suis plus contente.

Il me semble, mon cher chevalier, que s'il n'y avoit point de Normandie (2) ni de Périgord dans le monde, et que vous fussiez contraint de vivre à Paris, je regretterois moins la lumière; la société, l'amitié peut tenir lieu de tout.

---

(1) Son vrai nom était le baron de Knyphausen.
(2) C'est en Normandie qu'allait Formont lorsqu'il quittait Mme du Deffand.

Dans le moment que je vous écris, je suis très-incommodée; je n'ose vous dire de quoi; c'est un mal fort douloureux, fort attristant, et dont il me semble que vous vous plaignez quelquefois.

Vous me demandez ce que fait notre abbé (1) : il fait ce que faisoit le bonhomme Sainte-Aulaire à l'âge de quatre-vingt-dix ans. Je crois qu'il pourroit se plaindre des mêmes choses que ce bonhomme se plaignoit à vous; vous en souvenez-vous? Il trouvoit de certaines choses trop grosses et d'autres trop plates. L'abbé ignore que je sache ses déportemens; j'en garde le secret, excepté à vous; je lui ai seulement dit que je vous manderois ce qu'il faisoit, et il ne le craint pas, parce qu'il croit que je l'ignore.

Adieu, mon cher chevalier, il faut que je vous aime autant que je fais pour pouvoir me résoudre à vous envoyer une si mauvaise lettre; mais je serois bien fâchée d'être obligée à me rechercher avec vous et à ne me pas laisser voir telle que je suis.

(1) L'abbé d'Aydie; il était très-voltairien de principes et, à ce qu'on entrevoit ici, non moins léger sur le reste.

VI.

Le chevalier d'Aydie à madame du Deffand.

Mayac, 29 juillet 1755.

Je l'avois toujours bien ouï dire, madame, qu'il est très-agréable d'être loué par une personne d'esprit, et sur un article où elle est elle-même très-louable (1). Je vous remercie, madame, de m'avoir fait sentir ce plaisir. Je le trouve en effet délicieux, et c'est avec beaucoup de regret que je pense qu'il me rendroit ridicule si je le goûtois avec confiance, et sans faire réflexion que je ne dois ce que vous me dites de flatteur qu'à l'excès de vos bontés pour moi.

---

(1) Est-ce que le chevalier, par hasard, se rappelait directement le mot de Cicéron écrivant à Caton et citant lui-même Hector et Nævius? d'eux tous à Mme du Deffand il n'y a qu'un pas : « Lætus sum laudari me, inquit Hector (opinor apud Nævium), abs te, Pater, a laudato viro. Ea est enim profecto jucunda laus, quæ ab iis proficiscitur qui in laude vixerunt. » (*Lettres familières*, liv. XIV, 6.)

Je suis très-fâché d'apprendre que M. de Formont est retourné en Normandie. Je conçois le chagrin que vous cause son éloignement, et combien un homme de si bonne compagnie, et si assidu à profiter de la vôtre, mérite que vous le regrettiez. Je le plains, lui, doublement de vous avoir quittée, et d'être rappelé par la maladie de sa mère. Dieu vous devoit la consolation que vous donnent les soins de mademoiselle de Lespinasse. Voltaire a très-bien dit que l'amitié multiplie notre être (1) et supplée à tous nos besoins.

Par mademoiselle de Lespinasse, vous retrouvez des yeux, et, ce qui vous est encore plus nécessaire, madame, elle exerce la bonté et la sensibilité de votre cœur. Je me sais bon gré de l'opinion que j'ai d'abord conçue d'elle, et je vous supplie de continuer à me ménager quelque part à sa bienveillance.

Mon bailli m'a mandé la bonne fortune qu'il a eue de trouver M. d'Alembert à Wesel, et de le recevoir après à Vaillempont. J'étois bien sûr que le

---

(1) O divine Amitié! félicité parfaite,
. . . .
Sans toi tout homme est seul : il peut par ton appui
Multiplier son être et vivre dans autrui.

(VOLTAIRE, quatrième *Discours en vers sur l'Homme*.)

roi de Prusse, en le voyant, prendroit autant de goût pour sa personne qu'il en avoit déjà pour ses ouvrages; mais je suis fâché que S. M., dans cette occasion, ait oublié que c'est au poids de l'or que les rois donnent aux philosophes, qu'on mesure le cas qu'ils font de la philosophie. Nous serions, de notre part, des ingrats, si nous ne le récompensions pas de la constante préférence qu'il nous a donnée, et de la résistance qu'il a faite aux invitations du monarque.

Je crois, comme vous, madame, que le voisinage n'est pas un droit dont on doive abuser avec madame du Châtel; mais vous avez tant d'autres titres auprès d'elle! Son indépendance même doit tourner à votre profit. Vous aurez donc le plaisir de la voir souvent, et tout à la fois celui de sentir que c'est autant par son choix que par le vôtre. Il ne m'appartient pas d'avoir les mêmes prétentions que vous : je ne puis néanmoins m'empêcher de me réjouir, en imaginant que, quand je serai à Paris logé si près d'elle, je pourrai lui rendre plus souvent mes respects; car, j'ai au moins cela de commun avec vous, j'aime passionnément madame du Châtel, et j'ose aussi me flatter qu'elle a de l'amitié pour moi.

Mon goût et mes vœux pour madame de Mirepoix sont d'accord avec les vôtres. Il me semble qu'elle danse actuellement sur la corde, et, quoique je sois bien persuadé qu'elle ne perdra pas l'équilibre, j'ai beaucoup d'impatience de la voir dans une assiette plus tranquille, mais peut-être seroit-elle moins à son aise. Les ames d'une certaine trempe ne jouissent jamais si heureusement d'elles-mêmes que dans l'agitation et le danger. Le grand Condé n'étoit de sang-froid qu'au milieu des batailles.

Quant à notre président, madame, c'est l'aide-de-camp général des ambitieux : il aime à voir de près leurs passions, leurs manœuvres, leur gloire. C'est un spectacle très-digne des considérations d'un philosophe, assez sage pour ne pas entrer trop avant dans la mêlée, et si aimé et si considéré de tous les partis, qu'il est toujours sûr d'être bien traité des vainqueurs.

J'avois fait mon plan, moi, madame, de m'enfoncer dans une vie si obscure, que je pourrois désormais ne songer qu'à manger et à dormir sans souci; mais je m'aperçois que c'est un projet chimérique : il n'y a point d'asile sûr et inaccessible aux peines et aux chagrins. Me voilà aussi troublé par les procès de ma famille que je l'étois par les miens. J'ai avec cela actuellement deux de mes frères malades, et il faut que je coure continuellement de l'un à l'autre.

En vérité, j'abuse de la permission. Je défie toute votre politesse et toute votre patience de résister à l'ennui que doit vous causer l'excès de ma bavarderie. J'en rougis quand je pense que mademoiselle de Lespinasse va s'épuiser à lire tout ce barbouillage. Pardonnez-moi, mademoiselle, c'est la faute de madame, et en votre faveur je vais finir, sans écouter l'envie que je me sens de l'entretenir encore deux autres heures du respect et de l'attachement que j'ai pour elle.

Ah! il faut que je vous assure, madame, qu'en vérité vous vous trompez dans les jugemens que vous faites de l'abbé : il n'est retenu à Paris que par un maudit procès qu'il a contre ses moines. Si j'étois vindicatif, j'userois de représailles, et rirois à mon tour des ennuis qu'ils lui donnent; mais je n'en ai pas le courage, et je le plains surtout s'ils ne lui laissent pas le temps de vous faire sa cour aussi souvent qu'il le désire.

VII.

Madame du Deffand au chevalier d'Aydie.

(INÉDIT ET COMMUNIQUÉ PAR LA FAMILLE DE BONNEVAL.)

De Paris, ce 3 octobre 1755.

Vous recevrez, mon cher chevalier, par cet ordinaire-ci, l'*Éloge* du président de Montesquieu; c'est par un malentendu que vous ne l'avez pas eu plus tôt. Vous êtes cause que d'Alembert et moi nous nous sommes fort querellés; il croyoit m'avoir chargée du soin de vous l'envoyer, et moi, j'étois persuadée qu'il m'avoit dit qu'il en chargeroit le bailli. Je ne doute pas que vous n'en soyez fort content, et que vous ne trouviez notre président aussi parfaitement loué qu'il étoit digne de l'être. Madame d'Aiguillon dit que c'est son apothéose.

Vous aurez appris la mort de M. le prince de Dombes; elle a été presque subite, mais on vous en aura mandé plus de détails que je ne suis en état de faire. Le Roi n'a encore disposé d'aucune de ses charges, et l'on dit que ce ne sera qu'après Fontainebleau. Il me semble que tout se dispose à la paix. Je ne me charge pas des nouvelles publiques; votre bailli est bien mieux instruit que moi. Je suis inquiète de madame du Châtel; je soupai avec elle hier au soir chez madame de Betz; ses forces ne reviennent point, et elle avoit fort mal à la tête. Après les alarmes qu'elle m'a données, je ne saurois être tranquille quand je lui vois la plus petite incommodité; l'idée de sa perte me renverse la tête. Je n'ai nulle nouvelle de madame de Mirepoix; je lui ai envoyé l'*Éloge,* je lui ai écrit deux fois, pas un mot de réponse. La Reine revient le 13, et madame de Mirepoix viendra à Paris le lendemain.

Madame de Betz a la jaunisse depuis dix ou douze jours. Pont-de-Veyle a toujours sa fièvre quarte.

Donnez-moi de vos nouvelles souvent, je vous supplie; priez madame de Nanthia d'en prendre la peine. Vous devriez bien revenir nous trouver; j'ai si peu de temps à jouir de la société de mes amis, elle m'est si nécessaire, qu'il y a de la cruauté à m'abandonner. Soyez sûre que je ne désire rien autant que votre retour. Adieu.

VIII.

Madame du Deffand à madame de Nanthia.

(INÉDIT, DE LA MÊME SOURCE.)

De Paris, ce 10 octobre 1755.

Notre abbé (1), madame, m'avoit annoncé votre lettre, et je l'attendois avec impatience; je suis charmée de la correspondance que vous voulez bien qui soit entre nous. Le chevalier pourra être paresseux en sûreté de conscience; j'aurai plus souvent de ses nouvelles, et vous vous accoutumerez à avoir un peu de bonté et d'amitié pour moi. C'est de très bon cœur que je vous offre un petit logement chez moi, et je désire sincèrement que vous l'acceptiez; ce seroit le moyen d'être d'accord ensemble : vous ne vous sépareriez point de mon chevalier, et vous ne m'en priveriez pas; j'aurois le plaisir de vivre avec vous, et vous trouveriez chez moi une jeune personne fort empressée à vous plaire et dont la com-

---

(1) L'abbé d'Aydie.

pagnie vous seroit agréable. Ne détournez donc point, madame, le chevalier de revenir ici; mais employez votre crédit sur lui à lui faire trouver bon que vous y veniez avec lui; je ne saurois vous dire à quel point cela me feroit plaisir.

L'abbé m'a raconté quelle étoit la vie que vous meniez; il n'y a rien de si agréable et de plus délicieux. Je comprends la difficulté qu'il y a d'y renoncer; ne pouvant la partager, j'y porte grande envie. Si j'avois le plus petit prétexte pour y être admise, je n'hésiterois pas un moment à demander une petite chambre à Mayac. Je m'en fais l'idée du séjour d'Astrée. Je m'imagine que M. le comte d'Aydie est le grand druide Adamas, le chevalier Silvandre; je ne saurois faire de Bousta un Céladon ni un Hylas; pour vous, madame, et mesdames vos cousines, vous êtes Astrée, Diane et Silvie. Si vous n'avez point lu ce roman-là, vous ne comprendrez rien à tout ce que je vous dis, et je ne vous conseille pas de le lire pour pouvoir m'entendre.

J'ai bien envie de savoir ce que le chevalier pense de l'*Éloge* du président de Montesquieu; je me flatte qu'il en aura été content. Nous aurons, je crois, bientôt celui qu'en a fait M. de Maupertuis; mais j'ai peur qu'il ne soit pas séparé du recueil de ses ouvrages dont on fait une édition à Lyon. Si on l'imprime séparément, je l'enverrai acheter dès qu'il paroîtra. J'ai jugé, par ce que l'abbé m'a dit, que l'on n'a pas été chez vous fort content des Mémoires de madame de Staal; ils ont eu beaucoup de succès ici.

Dites au chevalier, madame, je vous supplie, que madame du Châtel se porte très-bien; elle espéroit, ainsi que moi, le revoir cet hiver, et nous sommes fort affligées l'une et l'autre d'être forcées d'y renoncer.

Madame de Mirepoix est perdue sans ressources; elle ne quitte plus la cour; l'on ne sauroit dire d'elle ce que madame d'Autrey disoit de M. de Céreste, qu'il avoit l'absence délicieuse; elle ne l'a que silencieuse, et, si elle n'étoit pas la plus aimable du monde, elle deviendroit la plus indifférente : rien n'est si prouvé que son peu de sentiment; mais, quand on la voit, on n'y peut résister, et, malgré qu'on en ait, on l'aime.

Il court de bien mauvais bruits de certain ministre; j'en aurois eu autrefois beaucoup d'inquiétude, mais d'autres temps, d'autres soins; je ne voudrois aujourd'hui qu'une seule chose, être à Mayac ou que Mayac fût ici. Il faudroit y admettre mon ami Formont; le chevalier y consentiroit bien volontiers.

Voilà bien des paroles oiseuses; mais je dirai avec Fontenelle :

Souvent par des fantômes vains
La raison *quelquefois* s'égare, etc. (1).

Je finis, madame, en vous assurant que je vous suis tendrement attachée; la meilleure preuve que j'en puisse donner, c'est de vous pardonner de retenir mon chevalier. Ne suivez point l'exemple de sa paresse, et donnez-moi souvent de ses nouvelles et des vôtres.

(1) Quoique Fontenelle ait fait bien de mauvais vers, on ne voit pas que ces deux-là soient de lui. Dans tous les cas, la citation est estropiée.

LETTRES

DE

LA MARQUISE DE CRÉQUY.

I.

La marquise de Créquy à la vicomtesse de Nanthia (1).

Ce 15 octobre.

Je fais partir ce jour par la poste, madame, les *Lettres de Mlle Aïssé;* elles vous intéresseront sûre-

---

(1) Les quatre lettres suivantes inédites de la marquise de Créquy, qui nous sont venues de la même part que celles de Mme du Deffand, nous ont paru intéressantes comme se rattachant à la première publication des Lettres de Mlle Aïssé

ment, car il y est fort question de vous. L'éditeur n'a pas su un mot de sa vie; c'est sur des ouï-dire qu'il l'a faite, mais les lettres sont d'elle. Le port est payé; ainsi j'espère qu'elles arriveront à Nanthiac. C'est un livre presque dévot, et cette dame Calandrin me paroît une amie utile pour ce monde et pour l'autre. Oserai-je vous demander, madame, si vous l'avez connue? J'ai encore bien des questions à vous faire quand vous me l'aurez permis; je me borne aujourd'hui à vous assurer des sentimens avec lesquels j'ai l'honneur d'être, madame, votre très-humble et très-obéissante servante,

FROULLAY DE CRÉQUY, DOUAIRIÈRE.

II.

La même à la même.

Que de souvenirs chers et de sentimens douloureux vous m'avez procurés, madame! je vous re-

et constatant l'effet qu'elles produisirent sur sa fille, Mme de Nanthia; celle-ci habitait toujours au château de Mayac, près de Périgueux. La date de ces lettres de Mme de Créquy doit se rapporter à la fin de 1787 et à 1788.

mercie des uns et des autres; il est si doux de penser à ce qu'on a tant aimé! il est si cruel de voir qu'on en est éternellement séparé! Enfin on vit malgré ses pertes, et notre désir doit être de les imiter et de rendre, par notre conduite, leur mémoire chère et aussi éternelle qu'il est en nous.

Je reçois, madame, les vœux que vous voulez bien faire pour moi, et je vous supplie de croire que vous ne sauriez me prévenir dans tous ceux que je fais pour vous, et que, si le Ciel m'exauce, vous n'aurez rien à désirer; mais qu'on a toujours à désirer dans cette terre d'exil, et qu'il est difficile d'en sortir sans avoir à se reprocher quelques murmures! Les besoins du cœur sont les premiers de tous pour les âmes délicates, et combien sont-ils peu satisfaits! C'est l'écueil de la sagesse; ce fut celui de Mlle Aïssé : elle étoit jeune, ravissante, tendre et oisive; elle voit un homme charmant qui l'adore; cet homme est plein d'esprit, de feu, enfin c'est un Gaulois élevé à Athènes; il avoit la loyauté de celui-là, il avoit les grâces de l'Athénien. Elle est foible; on l'est à moins : la femme la plus sage est souvent celle qui n'a point trouvé son vainqueur.

J'ai remis à monsieur Desvergnes (1), madame,

(1) Médecin de Périgueux fort répandu dans la bonne so—

les papiers que vous m'avez confiés ; j'ai gardé deux lettres de mon *si cher oncle* (1) ; comme vous me permettiez que je prisse la totalité, je n'ai pas voulu en abuser. Il y a donc dans le paquet deux de lui, une de M. Bolingbroke, les deux du chevalier et le fragment du portrait de mademoiselle Aïssé, qui n'est pas le sien ; c'est celui de madame de Bussy, dans les Mémoires de madame de Staal, tome 3ᵉ, page 184 (2). M. le chevalier a pu vous dire qu'elle ressembloit à mademoiselle Aïssé ; je vous en remercie néanmoins, c'est un effort de ma vieille mémoire et je viens de l'avérer ; ne sachant que faire, madame, pour vous marquer ma reconnoissance, je vous sacrifie mon amour-propre : j'ai fait des mémoires sur la vie de mon oncle ; je vous les envoie. M. Desvergnes dit avoir trouvé une occasion ; vous me les renverrez de même, et, si je meurs en attendant, je vous les donne. Hélas ! je

---

ciété et l'un des habitués de Mayac : il suivit plus tard les Princes dans l'émigration.

(1) Le bailli de Froulay.

(2) « Je n'ai connu aucune femme aussi parfaitement raisonnable et dont la raison eût si peu d'âpreté. C'étoit l'âme la plus sensible et l'esprit le plus réglé qui fût jamais ; tout étoit sentiment en elle, jusqu'à ses pensées, mais sentiment dans un accord parfait avec les lumières les plus pures... » Et tout ce qui suit. (Voir Mᵐᵉ de Staal.)

n'ai jamais pu les relire; cela est très-mal écrit, plein de mots, mais je soulageois mon cœur; je n'ose pas y regarder, je peins mon âme dans l'instant de ma vie le plus affreux; jugez-le avec indulgence. Il y a un éloge par mon fils mieux fait peut être, mais non mieux senti.

J'ai écrit à madame de Mayac sur la perte de M. son fils : tout ce qui est d'Aydie m'est cher; c'est ma famille et surtout vous, Célénie, qui étiez nièce de mon oncle (1); vous êtes ma cousine germaine; c'est le titre que je veux vous donner désormais. Adieu donc, ma chère cousine, assurez tous vos parents de mes respects. J'écrirai à l'abbé la semaine prochaine.

On refait une édition de mademoiselle Aïssé : auriez-vous de la répugnance à y faire mettre les deux lettres du chevalier? J'en ai pris copie, mais je n'ai osé le risquer; écrivez-moi, cousine, et sans compliment; je vous en donne l'exemple.

Ce 18.

---

(1) Le chevalier d'Aydie et le bailli de Froulay étaient comme deux frères.

III.

La même à la même.

La nouvelle édition de mademoiselle Aïssé, ma chère cousine, est prête à paroître, si elle ne paroît; ainsi il est trop tard d'y rien insérer. D'ailleurs vous ne vous expliquez point sur la lettre que je voulois y joindre, et je crois que le mieux est de laisser tout cela. Personne ne parle plus que de protestans, d'administration, de projets; ainsi, tout ce qui est sentiment est noyé dans les spéculations futures. Ah! quel ennui! — Il est certain que le chevalier a voulu épouser mademoiselle Aïssé, et qu'elle dit à mon oncle : « *Je suis trop son amie pour le souffrir.* » Elle eut tort. Le chevalier étoit estimé en tous points; il auroit eu des places, gouvernemens, pensions; il l'eût placée aussi : une princesse orientale pleine de vertu (1), c'étoit de quoi faire tourner les têtes; enfin cela n'a point

(1) *Pleine de vertu :* nouvelle preuve, s'il en était besoin, après toutes celles qui ont été fournies précédemment, qu'on n'avait jamais cru dans la société à ces sots bruits sur la prétendue séduction de la jeune Aïssé par M. de Ferriol.

été; mais mademoiselle Aïssé m'a fait retrouver une cousine. Oh! c'est un grand bien pour moi, et il seroit sans prix si la vieillesse laissoit quelque espoir de se voir. Enfin jouissons comme nous le pouvons, c'est le point essentiel; car de se fâcher d'être vieille et de la fin de la vieillesse n'est ni d'un chrétien ni d'un philosophe.

Vous ne m'avez point accusé la réception des lettres que j'ai remises à M. Desvergnes, ni de la vie de mon oncle que je lui ai envoyée, pour vous la faire tenir par occasion qu'il a dit avoir. Ma cousine, cela est très-mal; car, d'abord, je veux vous prouver ma scrupuleuse exactitude, et, de l'autre, ce manuscrit trempé de mes larmes, et écrit avec cette encre, m'est très-précieux. Je n'en suis point pressée, mais je veux être sûre qu'il est entre vos mains. Vous devriez le confier à madame votre fille, qu'on dit qui viendra bientôt ici, ou me le rapporter avec elle; mais je crains que vous n'aimiez pas mieux les voyages que moi, et celui de Paris est terrible aujourd'hui, sans principes, sans mœurs, sans conversation, au moins à ma portée. Je suis tentée tous les mois d'en partir; j'y ai tout perdu et rien remplacé; mais changer de lieu à mon âge me paroîtroit une folie.

Mes respects et complimens à tout Mayac. Cette lettre-ci sera commune avec l'abbé, auquel vous direz, ma cousine, que M. d'Autun (1) a la goutte ou est en folie. Le public en donne l'option; ainsi, on ignore encore le mouvement que la vacance de Toulouse fera dans l'épiscopat. Le prince Édouard (le prétendant) est mort; la grande députation de Bretagne arrive aujourd'hui; je ne sais où tout ceci mènera, ni ne dois m'en soucier à mon âge et à ma santé toujours misérable. Ce qu'il y a de sûr, ma chère cousine, ce sont les sentimens que j'ai voués à tous les d'Aydie; recevez-en les assurances, et continuez-moi vos bontés.

CAROLINE.

Mon fils est à Versailles sans y rien faire. Le deuil de tout ceci est fait; je n'ai réussi à rien, et il m'en coûte jeunesse, santé, fortune, présent et avenir pour ce que je vois; mais Dieu permet tout pour nous détacher de tout.

Ce 18.

(1) M. de Marbeuf, évêque d'Autun, le prédécesseur de M. de Talleyrand; il avait la feuille des bénéfices.

IV.

La même à la même.

Votre lettre du 9, ma chère cousine, est arrivée quatre jours après celle du 10; j'y ai trouvé vos notes, et je suis toujours bien aise de les avoir. Je n'ai copié qu'une seule lettre du chevalier, c'est celle de la brouillerie; mais je voudrois que vous copiassiez l'autre et me l'envoyiez à votre très grand loisir. J'ai toujours des projets, mais je ne sais s'ils auront lieu.

L'impatience m'a gagnée; j'ai écrit à M. Desvergnes, et voilà sa réponse qui me tranquillise.

Il faudroit, lorsque vous voulez bien m'envoyer des notes, les faire avec attention; vous dites : *La lettre huitième est absolument déplacée par sa date; elle ne peut avoir été écrite après* 1761; mais, ma cousine, elle est de 1727, et les premières sont de 1726 (1).

---

(1) A part cette inadvertance de plume, la remarque de Mme de Nanthia prouve (ce qui n'a pas échappé non plus au présent éditeur) qu'il y a eu des transpositions de lettres dans la première édition.

Il est possible que le chevalier n'ait jamais eu de vrais mécontentemens des siens; mais il étoit tout feu, et se plaignoit quelquefois. Pour madame sa mère, jamais il n'a fait que s'en louer.

Comme j'ai pu vous inquiéter, je veux vous rassurer, ma chère cousine. Assurez tout Mayac de mon respect et de mon amitié; prenez-en votre part, qui n'est pas la plus petite.

CAROLINE.

A Paris, ce 22.

M. d'Ossun est mort. Le parlement de Bretagne a été très-bien reçu et très-content du principal ministre. Le libelle de Calonne contre M. Necker paroît; celui-ci va répondre, et tout cela ne nous rend pas nos millions. M. le Dauphin va mercredi à Meudon; il est dans un triste état, dit-on.

FIN DES LETTRES DIVERSES.

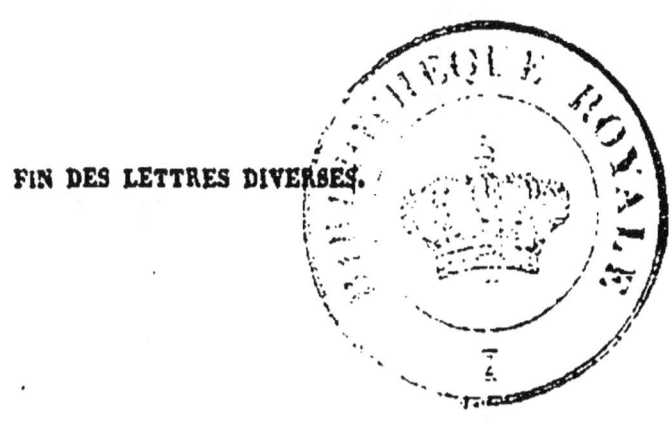

TABLE DES MATIÈRES.

Portrait de mademoiselle Aïssé.
Avertissement de l'Éditeur................... 1
Notice sur mademoiselle Aïssé................ 3
Notes et Pièces a l'appui.................... 63
Lettres de mademoiselle Aïssé a Mme Calandrini,
    Lettre Ire............................... 81
       — II................................ 86
       — III............................... 96
       — IV............................... 103
       — V................................ 111
       — VI............................... 116
       — VII.............................. 121
       — VIII............................. 128
       — IX............................... 136
       — X................................ 143
       — XI............................... 150
       — XII.............................. 158
       — XIII............................. 165
       — XIV............................. 169
       — XV.............................. 177
       — XVI............................. 186
       — XVII............................ 195
       — XVIII........................... 201
       — XIX............................. 204
       — XX.............................. 206
       — XXI............................. 210
       — XXII............................ 214
       — XXIII........................... 217
       — XXIV........................... 221
       — XXV............................ 225

TABLE DES MATIÈRES.

Lettre XXVI... 228
— XXVII... 237
— XXVIII.. 243
— XXIX.. 245
— XXX... 250
— XXXI.. 257
— XXXII... 260
— XXXIII.. 263
— XXXIV... 265
— XXXV.. 267
— XXXVI... 272

PORTRAIT DU CHEVALIER D'AYDIE.
LETTRES DU CHEVALIER D'AYDIE ET DE Mme DU DEFFAND. — I. Lettre du chevalier à Mme du Deffand. 277
II. Le même à la même......................... 283
(Lettre de Montesquieu au chevalier d'Aydie)... 286
III. Le chevalier d'Aydie à Mme du Deffand....... 289
IV. Le même à la même.......................... 291
V. Mme du Deffand au chevalier d'Aydie........... 296
VI. Le chevalier d'Aydie à Mme du Deffand...... 301
VII. Mme du Deffand au chevalier d'Aydie......... 306
VIII. Mme du Deffand à Mme de Nanthia............ 308
QUATRE LETTRES DE LA MARQUISE DE CRÉQUY A MADAME DE NANTHIA......................... 313—321

On a cherché dans cette édition à rétablir l'ordre chronologique des Lettres de Mlle Aïssé, qui n'avait pas été toujours observé dans les éditions précédentes; mais, dans la *Notice*, on a suivi par mégarde l'ancien classement. Ainsi, page 12, ligne 2 de la note, au lieu de : *Lettre XV*, lisez : *Lettre XI*; et page 19, à la note, au lieu de : *Lettre IX*, lisez: *Lettre XIV*.
Même Notice, page 28, ligne première de la note, au lieu de : *Philippe de Valois*, lisez : *Philippe Le Valois*; et pages 55, 56, 57, 58, au lieu de: *d'Absac*, lisez: *d'Abzac*.

Nous devons de plus une petite réparation à Fontenelle pour les vers de la page 311, que Mme du Deffand avait tellement défigurés en les citant ; ils nous avaient échappé à une première recherche ; nous les avons retrouvés depuis, et ils sont assez jolis vraiment pour mériter qu'on les restitue, ce qui n'est pas le cas ordinaire des vers de Fontenelle. Voici donc la stance tout entière, qui appartient au prologue fort agréable de la première Églogue. Dans la jeunesse de Mme du Deffand et de Mlle Aïssé, on savait ces choses par cœur, et nous les avons depuis trop oubliées :

> Souvent, en s'attachant à des fantômes vains,
> Notre raison séduite avec plaisir s'égare ;
> Elle-même jouit des objets qu'elle a feints,
> Et cette illusion pour quelque temps répare
> Le défaut des vrais biens que la Nature avare
>   N'a pas accordés aux humains.

FIN.

www.ingramcontent.com/pod-product-compliance
Lightning Source LLC
Chambersburg PA
CBHW060356170426
43199CB00013B/1890